Alemannische Gedichte

von J. P. Hebel

Vollständige Ausgabe
nach der Auflage von 1820

Verlag Ernst Kaufmann

Bibliografische Information Der Deutschen Bibliothek
Die Deutsche Bibliothek verzeichnet diese Publikation in der Deutschen Nationalbibliografie;
detaillierte bibliografische Daten sind im Internet über http://dnb.ddb.de abrufbar.

1. Auflage 2005
© 2005 Verlag Ernst Kaufmann, Lahr
Dieses Buch ist in der vorliegenden Form in Text und Bild urheberrechtlich geschützt. Jede
Verwertung ist ohne Zustimmung des Verlags Ernst Kaufmann unzulässig und strafbar. Dies
gilt insbesondere für Nachdrucke, Vervielfältigungen, Übersetzungen, Mikroverfilmungen
und die Einspeicherung und Verarbeitung in elektronischen Systemen.
Printed in Germany
Umschlaggestaltung: JAC
Hergestellt bei Freiburger Graphische Betriebe, Freiburg
ISBN 3-7806-7225-1

Inhalt

Vorrede zur ersten Auflage 4
Vorwort zur fünften Ausgabe 5
Die Wiese 6
Freude in Ehren 14
Die Irrlichter 15
Der Schmelz-Ofen 17
Der Morgen-Stern 22
Der Carfunkel 24
Das Hexlein 30
Der Mann im Mond 31
Die Marktweiber in der Stadt 33
Der Sommerabend 36
Die Mutter am Christabend 38
Eine Frage 40
Noch eine Frage 42
Gespenst an der Kanderer Straße 43
Der Käfer 45
Der Statthalter von Schopfheim 47
Der Schreinergesell 54
Hans und Verene 55
Der Winter 57
Das Habermuß 59
Wächterruf 62
Der Bettler 63
Der Storch 64
Sonntagsfrühe 67
Auf einem Grabe 69
Der Wächter in der Mitternacht 71
Der zufriedene Landmann 75
Die Vergänglichkeit 77
Der Jenner 81
Der Knabe im Erdbeerschlag 84
Das Spinnlein 85
Dem aufrichtigen und wohlerfahrnen Schweizerboten an seinem Hochzeitstage 87
Die Feldhüter 89
Des neuen Jahres Morgengruß 92
Geisterbesuch auf dem Feldberg 95
Der Abendstern 100
Der Schwarzwälder im Breisgau 103
Riedligers Tochter 104
Die Ueberraschung im Garten 108
Das Gewitter 110
Agatha 112
Die Häfnet-Jungfrau 113
Auf den Tod eines Zechers 116
Der Wegweiser 117
Worterklärungen 119
Lebensdaten 126

VORREDE

zur ersten Auflage.

Der Dialekt, in welchem diese Gedichte verfaßt sind, mag ihre Benennung rechtfertigen. Er herrscht in dem Winkel des Rheins zwischen dem Frickthal und ehemaligen Sundgau, und weiterhin in mancherlei Abwandlungen bis an die Vogesen und Alpen und über den Schwarzwald hin in einem großen Theil von Schwaben. Für Freunde ländlicher Natur und Sitten eignet diese Gedichte ihr Inhalt und ihre Manier. Wenn Leser von höherer Bildung sie nicht ganz unbefriedigt aus den Händen legen, und dem Volk das Wahre, Gute und Schöne mit den heimischen und vertrauten Bildern lebendiger und wirksamer in die Seele geht, so ist der Wunsch des Verfassers erreicht.

Leser, die mit dieser Sprachweise nicht ganz bekannt sind, werden folgende wenige grammatikalische Bemerkungen nicht überflüssig finden. Das u und ü vor einem h, dem wieder ein Vokal folgt, oder folgen sollte, geht in die Triphthongen *ueih* und *üeih* über, und diese Form ist also im Metrum immer einsilbig. Z. B. *früeih,* frühe; – beide Artikel werden meist abgekürzt, tonlos und in der Aussprache wahre Präfixa des Substantivs oder Suffixa der Präposition. Hie und da schien es unvermeidlich sie als solche auch in dem Texte auszudrücken. Z. B. *Uffeme,* auf einem *Anere,* an einer. – Der Akkusativ des Singulars ist auch bei den Maskulinis dem Nominativ gleich, z. B. *der Tag,* der und den Tag. Der Dativ des Singulars wird bei den Maskulinis und Neutris, bisweilen auch Femininis durch die Präposition *in* bezeichnet. Z. B. im *Liecht, imme Liecht,* dem, einem Licht; innere (in einer) *Frau,* einer Frau. – Das absolute Pronomen *Ich* lautet im Nominativ des Pluralis, wie der Dativ des Singulars. *Mir;* auch *Du,* häufiger *Dir* als Ihr. *Sich* im Neutrum heißt bisweilen *Ihns.* Aber überall werden die Personalpronomina und das unbestimmte *Man,* wenn sie keinen Nachdruck oder Gegensatz haben, wie der Artikel, abgekürzt und wahre Präfixa oder Suffixa der nächsten Wörter, letztere, wenn alsdann zwei Vokale zusammen kämen mit einem eingeschobenen n. *Sagi,* sage ich; *Woni,* wo ich; *Wennd'* und *Wennde,* wenn du; *Wemme,* wenn man; *Sagmer,* sage mir; *Denkder,* denke dir; *Bringem, Bringere,* bring ihm, ihr; *Ságemer,* sagen wir; *Ságetder,* sagt ihr; *Sie Zéigenis,* zeigen uns; *Zeigenich,* zeigen euch; *Zuenis,* zu uns; *Zuenich,* zu euch; *Ságene,*

sage ihnen; *Sagider,* sage ich dir; *Sági'm,* sage ich ihm usw. Indessen sind diese Anhängwörter, um dem Texte nicht ein zu fremdes Ansehen zu geben, auch in ihrer veränderten und abgekürzten Form fast überall getrennt geschrieben, wenn nicht Aussprache oder Deutlichkeit die Verbindung zu erfordern schien.
Das Glossarium am Ende enthält die in den Gedichten vorkommenden Idiotismen und ungewöhnlichen Formen des Dialekts verglichen mit (Sch) *Seherzii Glossarium Germanicum medii aevi.* (Id.) Versuch eines schwäbischen Idiotikon von *Schmid,* (Ad.) *Adelungs* Wörterbuch der hochdeutschen Mundart und andern. Hie und da sind passende Belege aus (Par.) Paraphrasis N. T. Zürich (ohne Jahrzahl) u.s.w. unterlegt worden. Die Absicht des Verfassers war, theils solchen Lesern, die manche Ausdrücke nicht kennen möchten, mit der Erklärung entgegen zu kommen, theils einheimische, die in der Sprache ihrer Landsleute nur eine Entstellung und Mißhandlung des gutdeutschen Ausdrucks finden, an einzelnen Beispielen auf das Alter und die Ableitung ihrer eigenthümlichen Wörter aufmerksam zu machen. Beide Theile werden es daher gerne verzeihen, wenn jeder von ihnen manches finden wird, was er schon lange wußte, manches, was er nicht zu wissen verlangt. Vielleicht findet hie und da auch der Sprachforscher etwas der Aufmerksamkeit werth.

VORWORT
zur fünften Ausgabe.

Die Verspätung dieser schon längst angekündigten Ausgabe ist größtentheils durch den Uebergang an eine andere Verlagshandlung veranlaßt. Noch andere Hindernisse verlängerten den Aufschub zum Bedauern des Verfassers. Mehrere der neu hinzugekommmenen Gedichte sind aus der Iris von Jakobi, und dem alsatischen Taschenbuch wieder gesammelt. Ich übergebe sie dem Publikum mit dem Wunsche, daß ihnen eine gleich wohlwollende Aufnahme wie der frühern, möge zu Theil werden.   J. P. Hebel

Die Wiese.*

Wo der Dengle-Geist** in mitternächtige Stunde
uffeme silberne Gschirr si goldeni Sägese denglet,
(Todtnau's Chnabe wüsse's wohl) am waldige Feldberg,
Wo mit liebligem Gsicht us tief verborgene Chlüfte
d'Wiesen luegt und check go Todtnau aben ins Thal springt,
schwebt mi muntere Blick, und schwebe mini Gidanke.

Feldbergs liebligi Tochter, o Wiese, bis mer Gottwilche!
Los, i will die iez mit mine Liederen ehre,
und mit Gsang bigleiten uf dini freudige Wege!

Im verschwiegene Schoß der Felse heimli gibohre,
an de Wulke gsäugt, mit Duft und himmlischem Rege,
schlofsch e Bütscheli-Chind in d'im verborgene Stübli
heimli, wohlverwahrt. No nie hen menschligi Auge
güggele dörfen und seh, wie schön mi Meiddeli do lit
im christalene G'halt und in der silberne Wagle,
und 's het no kei menschlich Ohr si Othmen erlustert,
oder si Stimmli gehört, si heimli Lächlen und Briegge.
Numme stilli Geister, sie göhn uf verborgene Pfade
us und i, sie ziehn di uf, und lehre die laufe,
gen der e freudige Sinn, und zeige der nützligi Sache,
und 's isch au kei Wort verlohre, was sie der sage.
Denn so bald de chasch uf eigene Füeßlene furtcho,
schliefsch mit stillem Tritt us d'im christalene Stübli
barfis usen, und luegsch mit stillem Lächlen an Himmel.
O, wie bisch so nett, wie hesch so heiteri Aeugli!
Gell, do ussen ischs hübsch, und gell, so hesch ders nit vorgestellt?
Hörsch, wie's Läubli ruuscht, und hörsch, wie d'Vögeli pfife?
Jo, de seisch: »I hörs, doch gangi witers und blib nit.
»Freudig isch mi Weg, und alliwil schöner, wie witer!«

---

* Ein Waldstrom dieses Namens, der an dem Feldberg im Breisgau entspringt, bei Gündenhausen einen andern Strom gleiches Namens aufnimmt, und bei Kleinhüningen im Kanton Basel in den Rhein ausströmt.
** Gespenst auf dem Feldberg.

Nei so lueg me doch, wie cha mi Meideli springe!
»Chunnsch mi über«, seits und lacht, »und witt mi, se hol mi!«
All'wil en andere Weg, und alliwil anderi Sprüngli!
Fall mer nit sel Reinli ab! – Do hemmers, i sags io, –
hani's denn nit gseit? Doch gauckelet's witers und witers,
groblet uf alle Vieren, und stellt si wieder uf d' Beinli,
schlieft in d'Hürst, – iez such mers eis! – dört güggelets use
Wart, i chumm! Druf rüefts mer wieder hinter de Bäume:
»Roth!, wo bin i iez!« – und het si urige Phatest.

Aber wie de gohsch, wirsch sichtli größer und schöner.
Wo die liebligen Othem weiht, se färbt si der Rase
grüner rechts und links, es stöhn in saftige Triebe
Gras und Chrüter uf, es stöhn in frischere Gstalte
farbige Blümli do, und d' Immli chömmen und suge.
's Wasserstelzli chunnt, und lueg doch, 's Wuli vo Totnau!
Alles will di bschauen, und alles will di bigrüße,
und di fründlig Herz git alle fründligi Rede:
»Chömmet ihr ordlige Thierli, do hender, esset und trinket!
»Witers goht mi Weg', Gsegott, ihr ordlige Thierli!«

Rothet iez ihr Lüt, wo üser Töchterli hi goht!
Hender gmeint an Tanz, und zu de lustige Bube?
z'Uzefeld verbey gohts mit biwegliche Schritte
zu de schöne Buchen*, und hört e heiligi Meß a.
Gut erzogen ischs, und anderst cha me nit sage.
No der heilige Meß se seits: »Jez willi mi schicke,
aß i witers chumm.« – Jez simmer scho vornen an Schönau,
iez am Chastel verbey, und alliwil witers und witers
zwische Berg und Berg im chüele duftige Schatte,
und an mengem Chrütz verbey, an menger Kapelle.

Aber wie de gohsch, würsch alliwil größer und schöner.
Wo di liebligen Othem weiht, wie färbt si der Rase
grüner rechts und links, wie stöhn in chräftige Triebe
neui Chrüter do, wie schießen in prächtige G'stalte
Blumen vu Blumen uf, und geli saftigi Wide!
Vo di'm Othem gwürzt, stöhn rothi Erdberi-Chöpfli
Millione do, und warten am schattige Thalweg.

---

* Eine Kapelle dieses Namens an der Wiese.

Vo di'm Othem g'nährt, stigt rechts an sunnige Halde
goldene Lewat uf in Feldere Riemen an Rieme.
Vo di'm Othem g'chüelt, singt hinter de Hürste verborge,
freudig der Hirte-Bueb, und d' Holz-Ax tönet im Buchwald.
's Mambecher Hätteli chunnt, und wulligt Häli vo Zell her.
Alles lebt und webt, und tönt in freudige Wiise;
alles grünt und blüeiht in tusigfältige Farbe;
alles isch im Staat, und will mi Meiddeli grüße.
Doch de bisch ke Meiddeli meh, iez sag i der Meidli.

Aber an der Bruckwoog, nit wit vom steinene Chrützli,
chresme d'Büebli vo Zell hoch an de felsige Halde,
suchen Engelsüß, und luegen aben und stune.
»Toneli«, seit der Sepli, »was het echt d' Wiesen im Chöpfli?
Lueg doch, wie sie stoht, und wie sie nieder an d' Stroß sizt
mit vertieftem Blick, und wie sie wieder in d' Höchi
schießt, und in d' Matte lauft, und mittere selber im Champf isch!«

Feldbergs Tochter, los de g'falsch mer nomme no halber!
's goht mer, wie dem Sepli. Was hesch für Jesten im Chöpfli?
Fehlt der näumis, se schwetz, und hättsch gern näumis, se sag mer's!
Aber wer nüt seit bisch du! Mit schwankige Schritte
Laufsch mer d'Matten ab in dine tiefe Gidanke
furt ins Wiesethal, furt gegenem Husemer Bergwerch,
und schangschiersch der Glauben und wirsch e lutherische Chetzer!
Hani's denn net geseit, und hani mers echter nit vorgestellt?
Aber iez isch so, was hilft iez balgen und schmähle!
Aendere chani's nit, se willi der lieber gar helfe;
öbbe bringsch mer doch no Freud und heiteri Stunde!
Halt mer e wenig still, i will di iez lutherisch chleide.
Do sin wüßi bauwele Strümpf mit chünstlige Zwickle,
(leg sie a, wenn d' chasch!) und Schuh und silberni Rinkli:
do ne grüne Rock! Vom breit verbendlete Liibli
fallt bis zu de Chnödlenen abe Fältli an Fältli.
Sizt er recht? Thu d'Häftli i, und nimm do das Brusttuch,
sammet und roseroth. Jez flichtider künstligi Zupfe
us de schöne, sufer g'strehlte, flächsene Hoore.
Obe vom wiißen Aecken und biegsem in d'Zupfe verschlunge,
fallt mit beiden Ende ne schwarze sidene Bendel

bis zum tiefe Rock-Saum abe. – G'fallt der die Chappe,
wasserblaue Damast und gstickt mit goldene Blume?
Zieh der Bendel a, wo in de Ricklene durgoht,
unter de Zupfe dure, du Dotsch, und über den Ohre
fürsi mittem Letsch, und abe gegenem Gsicht zu!
Jez e side Fürtuch her, und endli der Hauptstaat
zwenzig Ehle lang und breit e Mayländer Halstuch!
Wie ne luftig Gwülch am Morgehimmel im Frühlig
Schwebts der uf der Brust, stigt mittem Othem, und senkt si,
wahlet der über d'Achslen, und fallt in prächtige Zipfle
übere Rucken abe, sie rusche, wenn den im Wind gohsch!
Het me's lang, se loßt me's henke, hör i mi Lebtig.
D'Ermel, denk wol, henksch an Arm, wil's Wetter so schön isch,
aß me's Hemd au sieht, und dini gattigen Aermli,
und der Schie-Hut nimmsch in d' Hand am sidene Bendel.
D'Sunne git eim wärmer, und schint eim besser in d'Auge,
wer en in de Hände treit, und 's stoht der au hübscher!
Jez wärsch usstaffirt, as wenn de hofertig stoh wottsch,
und de g'fallsch mer selber wieder, chani der sage.

Wienes si iez freut, un wie's in zimpfere Schritte
tänzelet, und meint, es seig d'Frau Vögtene selber,
wie 's si Chöpfli hebt, und ieden Augeblick z'ruk schielt,
ob me's echt au bschaut, und öb men em ordeli no luegt!
Jo, de bisch io hübsch, und io du Närli, mer luege,
Du marggröver Meidli mit diner goldige Chappe,
mit de lange Zupfen und mit der längere Hoorschnur,
mittem vierfach z'semmegesezte flattrige Halstuch!

Aber rothet iez, wo 's hofertig Jümpferli hi goht!
Denk wol uffe Platz, denk wol zur schattige Linde,
oder in d'Weserey, und zu de Husemer Chnabe?
Hender gmeint, io wol! Am Bergwerch visperlets abe,
lengt e wenig duren, und trüllt e wengeli d'Räder,
was der Blos-Balg schnufe mag, aß d' Füürer nit usgöhn.
Aber 's isch si Blibes nit. In d' Husemer Matte
schießt's und über d'Legi mit große Schritte go Farnau,
laufsch mer nit, se gilts mer nit, dur 's Schopfemer Chilspel.

Aber z'Gündehuse, wer stoht echt an der Stroße,
wartet, biß de chunnsch, und goht mit freudige Schritte

uf di dar, und git der d' Hand, und fallt der an Buse?
Chennsch die Schwesterli nit? 's chunnt hinte füre vo Wisleth.
Uf und nieder hets di Gang und dini Gebehrde.
Jo de chennschs! Worum denn nit? Mit freudigem Brusche
Nimmschs in d'Arm, und losch's nit goh, gib achtig, verdrucks nit!
Jez gohts wieder witers, und alliwil aben und abe!
Siehsch dört vorne 's Röttler Schloß – verfalleni Mure?
In vertäfelte Stube, mit goldene Liiste verbendlet,
hen sust Fürste gwohnt, und schöni fürstligi Fraue,
Heren und Here-Gsind, und d' Freud isch z' Röttle deheim gsi.
Aber iez isch alles still. Undenklichi Zite
brenne keini Liechter in sine verrißene Stube,
flackeret kei Füür uf siner versunkene Füürstet,
goht kei Chrug in Cheller, ke Züber aben an Brunne.
Wildi Tube niste dört uf mosige Bäume.
Lueg dört ehnen isch Mulberg, und do im Schatte verborge
's Föhris Hüsli, und am Berg dört d' Höllstemer Chilche.
Steine lömmer liegen, und fahre duren in d'Matte,
gute Weg isch au nit um, und weidli chasch laufe.
Wenn 's nit nidsi gieng, i weiß nit, öbbi der no chäm.
Unter Steine chunnsch mit dine biwegliche Schritte
wider über d'Stroß. Jez wandle mer füren ins Rebland
Neben Hauigen aben und neben an Hagen und Röttle.
Lueg mer e wenig ufe, wer stoht dört oben am Fenster
in si'm neue Chäpli, mit sine fründligen Auge?
Neig di fin, zeig wie, und sag: »Gott grüßich Her Pfarer!«
Jez gohts Thumrige zu, iez witer in d' Löracher Matte.
Siehsch das ordelig Städtli mit sine Fenstern und Gieble,
und die Basler Here dört uf der staubige Stroße,
wie sie riten und fahren? Und siehsch dört 's Stettener Wirths-Hus!
Worum wirsch so still und magsch nit dure go luege?
Gel, de siehsch sel heilig Chrütz vo witem und trausch nit,
möchtisch lieber z'ruck, as fürsi! Loß der nit gruse!
's währt nit lang, se stöhn mer frei uf schwitzrischem Bode.

Aber wie de gohsch vom Bergwerch abe go Schopfe,
bis an Stetten aben uf diner steinige Landstroß,
bald am linke Bord, bald wieder ehnen am rechte
zwischenem Faschinat, wirsch alliwil größer und schöner,
freudiger alliwil, und schaffig, was me cha sage.

Wo di liebligen Othem weiht, wie färbt si der Rase
grüner rechts und links, wie stöhn mit chräftige Triebe
neui Chrüter uf, wie prangen in höhere Farbe
Blumen ohni Zahl. De Summer-Vögle thut d'Wahl weh.
Wechslet mit der Chlee mit goldene Chettene-Blueme,
Frauemänteli, Hasebrödli, würzige Chümmi,
Sunneblume, Habermark und Dolden und Ruchgras?
Glitzeret nit der Thau auf alle Spitzen und Halme?
Wattet nit der Storch uf hoche Stelze derzwische?
Ziehn sie nit vo Berg zu Berg in lange Reviere
feisti Matte Stunde wiit und Tauen an Taue?
Und derzwischen stöhn scharmanti Dörfer und Chilchthürn.
's Brombecher Mummeli chunnt, es chömme Lörecher Rößli,
freße der us der Hand, und springen und tanze vor Freude,
und vo Baum zu Baum, vo Zell bis füre go Rieche
halte d'Vögeli Jude-Schul, und orglen und pfife.
D'Brombecher Linde lit, der Sturmwind het sie ins Grab gleit.
Aber rechts und links wie schwanken an flachere Reine
Rocken und Weizehalm! Wie stöhn an sunnige Halde
Reben an Reben uf! Wie woget uf höchere Berge
rechts und links der Buchewald und dunkleri Eiche!
O 's isch alles so schön, und überal anderst und schöner!
Feldbergs Tochter, wo de bisch, isch Nahrig und Lebe!

Neben an der ufen und neben an der abe
gigit der Wage, d'Geisle chlöpft, und d' Sägese ruschet
und de grüeßisch alli Lüt, und schwetzisch mit alle.
Stoht e Mühli näumen, en Oehli oder e Ribi,
Droth[ht]zug oder Gerste-Stampfi, Sägen und Schmidte,
lengsch mit biegsemen Arme, mit glenkseme Fingere dure,
hilfsch de Müllere mahlen und hilfsch de Meidlene ribe,
spinnsch mer's Husemer Ise, wi Hanf in gschmeidigi Fäde.
Eicheni Plütschi versägsch, und wandlet 's Ise vom Füürherd
uffen Ambos, lüpfsch de Schmiede freudig der Hammer,
singst derzu, und gersch ke Dank, »Gott Grüßich, Gott bhütich!«
Und isch näume ne Bleichi, se losch di das au nit verdrieße,
chuuchisch e bizzeli duren, und hilfsch der Sunne no bleiche,
aß sie ferig wird, sie isch gar grüselich landsem!

Aber solli eis, o Wiese sage, wie 's ander,
nu se seig's bikennt! De hesch au bsunderi Jeste,

's chlage's alli Lüt, und sagen, es sei der nit z'traue,
und wie schön de seisch, wie lieblich dini Gebehrde,
stand der d'Bosget in den Auge, sage sie alli.
Eb men umluegt, chresmisch näumen über d' Faschine,
oder rupfsch sie us, und bahnsch der bsunderi Fußweg,
bohlsch de Lüte Stei uf d'Matte, Jaspis und Feldspat.
Hen sie näume gmeiht, und hen sie gwarbet und g'schöchlet,
holsch's und treisch's de Nochbere duren Arfel um Arfel.
's sagen au e Theil, de seigisch glücklich im Finde
uf de Bänke, wo nit g'wüscht sin, aber i glaubs nit.
Mengmol haseliersch, und 's muß der alles us Weg goh!
öbbe rennsch e Hüsli nieder, wenns der im Weg stoht.
Wo de gohsch, und wo de stohsch isch Balgen und Balge.

Feldbergs Tochter los, de bisch an Tuged und Fehler
zitig, chuunts mer halber vor, zum Manne, wie wär's echt?
Zeig, was machsch für Aeugli? Was zupfsch am sidene Bendel?
Stell di nit so närsch, du Dingli! 's meint no, me wüß nit,
aß es versprochen isch, und aß sie enander scho bstellt hen?
Meinsch, ich chenn di Holderstock, die chräftige Burst nit?

Ueber hochi Felsen, und über Stuuden und Hecke
eis Gangs us de Schwitzerberge gumpet er z'Rhinek
aben in Bodesee, und schwimmt bis füre go Chostanz,
seit: »I muß mi Meidli ha, do hilft nüt und batt nüt!«
Aber oben an Stei, se stigt er in landseme Schritte
wieder usem See mit sufer gwäschene Füße,
Tiesehofe gefallt em nit und 's Chloster dernebe,
furt Schafhusen zu, furt an die zackige Felse.
An de Felse seit er: »Und 's Meidli muß mer werde!
Lib und Lebe wogi dra und Chretzen und Brusttuch.«
Seits, und nimmt e Sprung. Jez bruttlet er abe go Rhinau;
trümmlig isch em worde, doch chunnt er witer und witers.
Eglisau und Chayserstuhl und Zurzi und Waldshut
het er scho im Aecke, vo Waldstadt lauft er zu Waldstadt,
iez an Chrenzech aben in schöne breite Reviere,
Basel zu. Dört wird der Hochzit-Zedel gschriebe.
Gell, i weiß es! Bisch im Stand und läugnisch, was wohr isch?

Hätti z'rothe gha, 's wär z'Wil e schickliche Platz gsi;
's hat scho menge Briggem si gattig Brütli go Wil gführt,

usem Züri-Biet, vo Liestel aben und Basel,
und isch iez si Ma, und 's chocht em d'Suppen und pflegt em
ohni Widerred vo mine gnädige Here.
Aber di Vertraue stoht zum Chlei-Hüniger Pfarrer.
Wie de meinsch, se göhnmer denn dur d' Riechemer Matte!
Lueg, isch sel nit d'Chlübi, und chunnt er nit ebe dört abe?
Jo er ischs, er ischs, i hörs am freudige Brusche!
Jo er ischs, er ischs mit sine blauen Auge,
mit de Schwitzer-Hosen und mit der sammete Chretze,
mit de christalene Chnöpfen am perlefarbige Brusttuch,
mit der breite Brust, und mit de chräftige Stotze,
's Gotthards große Bueb, doch wie ne Roths-Her vo Basel
stolz in sine Schritten und schön in sine Gibehrde.

O wie chlopft der di Herz, wie lüpft si di flatterig Halstuch,
und wie stigt der d'Röthi iez in die lieblige Backe,
wie am Himmel 's Morgeroth am duftige Maytag!
Gell, de bischem hold, und gell, de hesch ders nit vorgstellt,
und es wird der wohr, was im verborgene Stübli
d'Geister gsunge hen, und an der silberne Wagle!
Halt di numme wohl! – I möcht der no allerley sage,
aber 's wird der windeweh! Di Kerli, di Kerli!
Förchsch, er lauf der furt, se gang! Mit Thränen im Äugli
rüefts mer: »Bhütdi Gott«, und fallt em freudig an Buse.
Bhütdi Gott der Her, und folgmer, was i der gseit ha!

Freude in Ehren.

Ne G'sang in Ehre
wer will's verwehre?
Singt 's Thierli nit in Hurst und Nast,
der Engel nit im Sterne-Glast?
e freie frohe Muth,
e gsund und frölich Blut
goht über Geld und Gut.

Ne Trunk in Ehre
wer will's verwehre?
Trinkt 's Blüemli nit si Morgethau?
Trinkt nit der Vogt si Schöppli au?
Und wer am Werchtig schafft,
dem bringt der Rebesaft
am Sunntig neui Chraft.

Ne Chuß in Ehre
wer will's verwehre?
Chüßt 's Blüemli nit si Schwesterli,
und 's Sternli chüßt si Nöchberli?
In Ehre, hani gseit,
und in der Unschuld G'leit,
mit Zucht und Sittsemkeit.

Ne freudig Stündli
ischs nit e Fündli?
Jez hemmers und iez simmer do;
es chunnt e Zit, würds anderst goh.
's währt alles churzi Zit,
der Chilchhof isch nit wit.
Wer weiß, wer bal dört lit?

Wenn d'Glocke schalle,
wer hilftis alle?
O gebis Gott e sanfte Tod!
e rüeihig Gewisse gebis Gott,
wenn d'Sunn am Himmel lacht,
wenn alles blizt und chracht,
und in der lezte Nacht!

Die Irrlichter.

Es wandlen in der stille dunkle Nacht
wohl Engel um, mit Sterneblume b'chrönt,
uf grüne Matte bis der Tag verwacht,
und do und dört e Betzit-Glocke tönt.

Sie spröche mitenander deis und das,
sie machen öbbis mitenander us;
's sin gheimi Sache, niemes rothet, was?
Druf göhn sie wieder furt, und richte's us.

Und stoht ke Stern am Himmel und ke Mon,
und wemme nümme sieht, wo d'Nußbäum stöhn,
mü'en selli Marcher usem Füür an d'Frohn,
sie müen den Engle zünde, wo sie göhn.

Und jedem hangt e Bederthalben a,
und wenn's em öd wird, lengt er ebe dri,
und biißt e Stückli Schwefelschnitten a,
und trinkt e Sch[l]ückli Treber-Brentewi.

Druf puzt er d'Schnören amme Tschäubli ab,
Hui, flackerets in lichte Flammen uf,
und, hui, gohts wieder d'Matten uf und ab,
mit neue Chräfte, d'Matte ab und uf.

's isch chummliger so, wenn eim vorem Fuß
und vor den Auge d'Togge selber rennt,
aß wemme sie mit Hände trage muß,
und öbbe gar no d'Finger dra verbrennt.

Und schritet spot e Mensch dur d'Nacht derher,
und sieht vo witem scho die Kerli goh,
und betet lisli: »Das walt Gott der Her« –
»Ach bleib bei uns« – im Wetter sind si do.

Worum? So bald der Engel bete hört,
se heimelets en a, der möcht derzu.
Der füürig Marcher blieb io lieber dört,
und wenn er chunnt, se hebt er d'Ohre zu.

Und schritet öbsch e trunkne Ma dur d'Nacht,
er fluecht und sappermentet: »Chrütz und Stern«
und alli Zeichen, aß der Bode chracht,
sell hörti wohl der füürig Marcher gern.

Doch wirds em nit so gut. Der Engel seit:
»Furt, weidli furt! Do magi nüt dervo!«
Im Wetterleich, sen isch der wiit und breit
kei Marcher me, und au kei Engel do.

Doch goht me still si Gang in Gottis G'leit,
und denkt: »Der chönnet bliben oder cho,
ne jede weiß si Weg, und 's Thal isch breit«,
sel isch's vernünftigst, und si lön ein go.

Doch wenn der Wundervitz ein öbbe brennt,
me lauft im Uhverstand den Engle no,
sel isch ene wie im Gift und Poperment;
im Augeblick se lön sie alles stoh.

Z'erst sagt sie: »Denkwol es isch si Weg,
er goht verbey, mer wen e wenig z'ruck!«
So sage sie, und wandle still us weg,
und sider nimmt der füürig Ma ne Schluck.

Doch folgt me witers über Steg und Bort,
wo nummen au der Engel goht und stoht,
se seit er z'lezt: »Was gilts i find en Ort,
du Lappi, wo di Weg nit dure goht!«

Der Marcher muß vora, mit stillem Tritt
der Engel hinterher, und lauft me no,
se sinkt men in e Gülle, 's fehlt si nit.
Jez weisch di B'richt, und iez chasch wieder goh!

Nei, wart e wenig, 's chunnt e guti Lehr!
Vergiß mers nit, schribs lieber in e Buch!
Zum Erste sagi: Das walt Gott der Her,
isch alliwil no besser, as e Fluch.

Der Fluch jagt d'Engel mittem Heil dervo;
ne christli Gmüeth und 's Bette zieht si a;
und wemme meint, me seh ne Marcher cho,
's isch numme so d'Laterne vorne dra.

Zum Anderen, und wenn e Ehre-Ma
ne Gschäft für ihn ellei z'verrichte het,
so loß en mache, was gohts di denn a?
Und los nit, wemme mittem Nochber redt!

Und goht me der us Weg, se lauf nit no!
Gang diner Wege furt in Gottis G'leit!
's isch Uhverstand, me merkts enanderno,
und 's git en Unehr. Sag, i heig ders gseit.

Der Schmelz-Ofen.

Jez brennt er in der schönsten Art,
und 's Wasser ruuscht, der Blosbalg gahrt,
und biß aß d'Nacht vom Himmel fallt,
se würd die ersti Maßle chalt.

Und 's Wasser ruuscht, der Blosbalg gahrt;
i ha druf hi ne Gulde g'spart.
Gang Chüngi, lengis alte Wi,
mer wen e wengli lustig sy!

Ne Freudestund isch nit verwehrt;
me g'nießt mit Dank, was Gott bischert,
me trinkt e frische frohe Mueth,
und druf schmeckt wieder 's Schaffe gut.

E Freudestund, e guti Stund!
's erhaltet Lib und Chräfte gsund;
doch muß es in der Ordnig goh,
sust het me Schand und Leid dervo.

E frohe Ma, ne brave Ma!
Jez schenket i, und stoßet a:
»Es leb der Marggrof und si Huus!«
Ziehnt d'Chappen ab, und trinket us!

Ne bessere Her treit d'Erde nit,
's isch Sege, was er thut und git,
i cha's nit sage, wieni sott,
Vergelts em Gott! Vergelts em Gott!

Und 's Bergwerch soll im Sege stoh!
's het menge Burger 's Brod dervo.
Der Her Inspekter lengt in Trog,
und zahlt mit Freud, es isch kei Frog.

Drum schenket i, und stoßet a!
Der Her Inspekter isch e Ma,
mit üser's Gattigs Lüte g'mei,
und fründli gege groß und chlei.

Er schafft e gute Wi ufs Werk,
er holt en über Thal und Berg,
er stellt en luter uffe Tisch,
und mißt, wie's recht und billig isch.

Sell isch verbey, der Ma am Füür
muß z'trinke ha, wärs no so thür.
Es rieselt menge Tropfe Schweiß,
und wills nit go, men ächzet eis.

Me streift der Schweiß am Ermel ab,
me schnufet, d Bälg verstuune drab,
und mengi liebi Mitternacht
wird so am heiße Herd verwacht.

Der Schmelzer isch e plogte Ma,
drum bringem's ein, und stoßet a:
Gsegott! Vergiß di Schweiß und Ach!
's het jeden anderen au si Sach.

Am Zahltag theiltisch doch mit kei'm,
und bringsch der Lohn im Nastuch heim,
se luegt di d'Marei fründli a,
und seit: »I ha ne brave Ma!«

Druf schlacht sie Eiern-Anken i,
und sträut e wenig Imber dri;
sie bringt Salat und Grüebe dra,
und seit: »Jez iß du liebe Ma!«

Und wenn e Ma si Arbet thut,
se schmekt em au si Esse gut.
Er tuuschti nit in Leid und Lieb
mit mengem riche Galge-Dieb.

Mer sitze do, und 's schmektis wohl.
Gang Chüngeli leng no nemol,
wil doch der Ofe wieder goht,
und 's Erz im volle Chübel stoht!

Se brenn er denn zu guter Stund,
und Gott erhalt ich alle gsund,
und Gott bewahr ich uf der Schicht,
aß niemes Leid und Unglück gschicht!

Und chunnt in strenger Winters-Zit,
wenn Schnee uf Berg und Firste lit,
en arme Bub, en arme Ma,
und stoht ans Füür, und wärmt si dra,

Er bringt e paar Grumbireli,
und leits ans Füür, und brotet sie,
und schlofft by'm Setzer uffem Erz –
schlof wohl, und tröst der Gott di Herz!

Dört stoht so ein. Chumm arme Ma,
und thunis Bscheid, mer stoßen a!
Gsegott, und tröstder Gott di Herz!
me schloft nit lieblig uffem Erz.

Und chunnt zur Zit e Biderma,
ans Füür, und zündet 's Pfifle a,
und setzt sie näumen ane mit,
se schmeks em wohl, und – brenn di nit!

Doch fangt e Büebli z'rauchen a,
und meint es chönns, as wie ne Ma,
se macht der Schmelzer churze Bricht,
und zieht em's Pfifli usem Gsicht.

Er keits ins Fürr, und balgt derzu:
»Heschs au scho glehrt, du Lappi du:
Sug amme Störzli Habermark,
Weisch? Habermark macht d'Bube stark!«

's isch wohr, 's git mengi Churzwil mehr
am Suntig no de Chinderlehr,
und strömt der füürig Ise-Bach
im Sand, es isch e schöni Sach.

Frog menge Ma: »Sag, Nochber he!
hesch au scho Ise werde seh
im füürige Strom de Forme no?«
Was gilts, er cha nit sage: Jo?

Mit wüsse, wie me 's Ise macht,
und wie's im Sand zu Massle bacht,
und wiemes druf in d'Schmidte bringt,
und d'Luppen unterm Hammer zwingt.

Jez schenket i, und stoßet a:
Der Hammer-Meister isch e Ma!
Wär Hammer-Schmid und Zeiner nit,
do läg e Sach, was thät me mit?

Wie giengs im brave Hamberchs-Ma?
's muß jede Stahl und Ise ha;
und muß der der Schnider d'Nodle ge,
sen ischs au um si Nahrig gscheh.

Und wenn im früeihe Morgeroth
der Buur in Feld und Fuhre stoht,
se muß er Charst und Haue ha,
sust isch er e verlohrene Ma.

Zum Broche brucht er d'Wägese,
zum Meihe brucht er d'Sägese,
und d'Sichle, wenn der Weize bleicht,
und 's Messer, wenn der Trübel weicht.

So schmelzet denn, und schmiedet ihr,
und dankich Gott der Her derfür!
Und mach en andere Sichle drus,
und was me bruucht in Feld und Hus!

Und numme keini Sebel meh!
's het Wunde gnug und Schmerze ge.
's hingt mengen ohni Fuß und Hand,
und menge schloft im tiefe Sand.

Kei Hurlibaus, ke Füsi meh!
Mer hen 's Lamento öbbe gseh,
und ghört wie's in de Berge chracht,
und Aengste gha die ganzi Nacht.

Und glitte hemmer, was me cha;
drum schenket i, und stoßet a:
Uf Völker Fried' und Einigkeit
von nun a bis in Ewigkeit!

Jez zahlemer! Jez göihmer hei,
und schaffe hüt no allerley,
und dengle no bis tief in d'Nacht,
und meihe, wenn der Tag verwacht.

Der Morgen-Stern.

Woher so früeih, wo ane scho,
Her Morge-Stern enanderno
in diner glitzrige Himmels-Tracht,
in diner guldige Locke Pracht,
mit dinen Auge chlor und blau
und sufer g'wäschen im Morge-Thau?

Hesch gmeint, de seisch elleinig do?
Nei weger nei, mer meihe scho!
Mer meihe scho ne halbi Stund;
früeh ufsto isch de Gliedere gsund,
es macht e frische frohe Muth,
und d'Suppe schmeckt eim no so gut.

's git Lüt, sie dose frili no,
sie chönne schier nit use cho.
Der Mähder und der Morge-Stern
stöhn zitli uf, und wache gern,
und was me früeih um Vieri thut,
das chunnt eim z'Nacht um Nüni gut.

Und d'Vögeli sin au scho do,
sie stimmen ihri Pfifli scho,
und uffem Baum und hinterm Hag
seit eis im andere Gute Tag!
Und 's Turtel-Tübli ruukt und lacht,
und 's Betzit-Glöckli isch au verwacht.

»Se helfis Gott, und gebis Gott
e gute Tag, und bhütis Gott!
Mer beten um e christlig Herz,
es chunnt eim wohl in Freud und Schmerz;
wer christli lebt, het frohe Muth:
der lieb Gott stoht für alles gut.«

Weisch Jobbeli was der Morge-Stern
am Himmel sucht? Me seits nit gern!

Er wandlet imme Sternli no,
er cha schier gar nit vonnem lo.
Doch meint si Mutter, 's müeß nit sy,
und thut en wie ne Hüenli i.

Drum stoht er uf vor Tag, und goht
si'm Sternli no dur's Morgeroth.
Er sucht, und 's wird em windeweh,
er möcht em gern e Schmützli ge,
er möcht em sagen: I bi der hold!
es wär em über Geld und Gold.

Doch wenn er schier gar bynem wär,
verwacht sie Mutter handumcher,
und wenn sie rüeft enanderno,
sen isch mi Bürstli niene do.
Druf flicht sie ihre Chranz ins Hoor,
und lueget hinter de Berge vor.

Und wenn der Stern si Mutter sieht,
se wird er todesbleich und flieht,
er rueft si'm Sternli: Bhütdi Gott!
es isch, aß wenn er sterbe wott.
Jez Morge-Stern hesch hohi Zit
di Mütterli isch nümme wit[.]

Dört chunnt sie scho, was hani gseit,
in ihrer stille Herlichkeit.
Si zündet ihre Strahlen a,
der Chilch-Thurn wärmt si au scho dra,
und wo sie fallen in Berg und Thal,
se rüehrt si 's Leben überal.

Der Storch probiert si Schnabel scho,
»de chaschs perfekt, wie gester no!«
und d'Chemi rauchen au alsgmach;
hörsch 's Mühli-Rad am Erle-Bach,
und wie im dunkle Buche-Wald
mit schwere Streiche d'Holz-Ax fallt?

Was wandlet dört im Morge-Stral
mit Tuch und Chorb dur's Matte-Thal?
's sin d' Meidli jung, und flink und froh,
sie bringe weger d'Suppe scho,
und 's Anne Meili vornen a,
es lacht mi scho vo witem a.

Wenn ich der Sunn ihr Büebli wär,
und 's Anne Meili chäm ung[']fähr
im Morgeroth, ihm giengi no,
i müeßt vom Himmel abe cho,
und wenn au d'Mutter balge wott,
i chönnts nit lo, verzeihmers Gott!

Der Carfunkel.

Wo der Aetti si Tuback schnätzlet, se lueget en d'Marei
fründlig und bittwis a: »Verzelis näumis o Aetti,
weisch so wieder, wie necht, wo 's Chüngi het welle verschlofe!«
Drüber rucke 's Chüngi, und's Anne Bäbi und d'Marei
mit de Chunklen ans Licht, und spanne d' Saiten, und striche
mittem Schwärtli 's Rad, und zupfen enander am Ermel,
Und der Joppi nimmt e Hampfle Liechtspöhn, und setzt si
nebene Liechtstock hi, und seit: »Das willi verrichte.«
Aber der Hans Jerg lit e lange Weg überen Ofe,
lueget aben und denkt: »Do obe höri's am beste,
und bi niemes im Weg.« Druf, wo der Aetti si Tuback
gschnitte het, und 's Pfifli gfüllt, se chunnt er an Liechtspohn,
und hebt 's Pfifli drunter, und trinkt in gierige Züge,
bis es brennt. Druf drukt er 's Füür mit de Fingeren abe,
und macht 's Deckeli zu. »Se willi denn näumis verzehle«,
seit er, und sizt nieder, »doch müender ordeli still sy,
aß i nit verstuun, ebs us isch, und du dört obe,
pack di vom Ofen abe! Hesch wieder niene ke Platz g'wüßt?
Ischs der z'wohl, und g'lustt's die wieder no nem Carfunkel?
Numme ken, wie sell ein gsi isch, woni im Sinn ha:
's isch e Plätzli näumen, es goht nit Ege no Pflug druf,
Hurst an Hurst scho hundert Johr und giftigi Chrüter,

's singt kei Trostle drinn, kei Summervögeli bsuecht sie,
breiti Dosche hüete dört e zeichnete Chörper.
's wäre ke ungschickt Bürschli gsi, sel seit me, doch seig er
zitlich ins Wirthshus g'wandlet, und über Bibel und Gsangbuch
sin em d'Charte gsi am Samstig z'oben und Sunntig.
Flueche het er chönne, ne Hex im rueßige Chemi
hätt sie bsegnet und bettet, und d'Sternen am Himmel hen zittert.
's het e mol im grüene Rock e borstige Jäger
zug'luegt, wie sie spiele. Mit unerhörte Flüeche
het der Michel Stich um Stich und Büeßli verlohre.
»Du vertlaufsch mer nit!« seit für si selber der Grünrock.
d'Wirthene hets no hört, und denkt: »Ischs öbbe ne Werber!«
's isch ke Werber gsi, der werdets besser erfahre,
wenn der Michel g'wibet het, und 's Güetli verlumpet.
Was het 's Stroßwirths Tochter denkt? Sie het em us Liebi
Hand und Jowort ge, doch nit us Liebi zum Michel,
nei zu Vater und Mutter, es isch ihr Willen und Wunsch gsi.
Sellen Oben ischs in schwere Gidanke vertschlofe,
selli Mittnacht hets e schwere bidütseme Traum gha.
's isch em gsi, es chömm vo Staufe füren an d'Landstroß;
an der Landstroß goht e Chapeziner und betet.
»Schenket mer au ne Helgli Her Pater, went der so gut sy!
Bini nit e Bruut? 's cha sy 's het guti Bidütig.«
Landsem schüttlet si Chopf der Pater, und unter der Chutte
lengt er e Hampfle voll Helge. »Do zieh der selber ein use!«
Seits, und wo nes zieht, se lengt's in schmutzigi Charte.
»Hesch echt 's Eckstei-Aß? 's bidütet e rothe Charfunkel;
's isch ke gute Schick.« – »Jo weger«, seit es, »das hani.«
Wieder seit der Pater: »Se zieh denn anderst, o Brütli!«
»Hesch echt siebe Chrütz?« – »Jo weger«, seit es und süfzget. –
»Tröst di Gott, zieh anderst! Es chönne no besseri drinn sy.
Hesch e blutig Herz?« »Jo weger!« seits und erschrickt drob. –
»Jez zieh no ne mol, 's cha sy, di Heilige chunnt no!«
»Ischs der Schuflebueb?« – [»]Es wird wol, bschauet en selber!« –
»Jo de hesch en! Tröst di Gott! Er schuflet die abe.«
So hets im Kätterli traumt, und so hets selle mol gschlofe.
Stroßwirths Tochter, was hesch denkt, und hesch mer en doch g'no,
Jo, es het io müeßen und gseit: »Ins Here Gotts Name!
No de siebe Chrützen und hinterem blutige Herze
chunnt mi Heilige, wills der Her, und schuflet mi abe.«

Z'erst hätt's möge go. Zwor mengmol het no der Michel
gspielt und trunke, bis gnug, und gflucht, und 's Kätterli ploget.
Mengmol isch er in si gange, wenn 's en mit Thräne
bittet het, und bette. Ne mol se seit er: »Jez willi
mit der akkordieren, und d'Charte willi verflueche.
Soll mi der T . . . . . hole, so bald i eini me a'rühr!
Aber ins Wirtshus gangi, sel willi, sel chani nit mide.
Grums und hül, so lang 's der g'fallt, ich cha der nit helfe!«

Het er 's Erst nit gehalte, sen isch er im Andere treu gsi.
Woner ins Wirtshus chunnt, se sizt mi borstige Grünrock
hinterm Tisch, selb tritt, und müschlet d'Charten, und rüeft em:
»Bisch mer e Cammerad, se chumm, se wemmer eis mache!«
»Ich nit«, seit der Michel. »Bas Margreth leng mer e Schöpli!«
»Du nit?« seit der Grün, »Chumm numme, bis de di Schoppe
trunke hesch, und 's goht um nüt, mer mache für Churzwil!«
»He«, denkt bynem selber der Michel, »wenn es um nüt goht,
sel isch io nit g'spielt«, und sezt si nebene Grünrock.
's chunnt e Chnab ans Fenster mit lockiger Stirnen, und rüeft em:
»Meister Michel, uf e Wort! Der Stroße-Wirth schikt mi.«
»Schik en wieder, seit er, »i weiß scho, was er im Chopf het!«
»Wer spielt us, und was isch Trumpf, und gstoche das Eckstei!«
Druf und druf! Z'lezt seit der Grün: »Was bisch du ne Glückschind!«
»Möchtsch nit umme Chrützer mache?« – Sel isch iez eithue,
denkt der Michel, gspielt isch gspielt, und seit: »Es isch eithue!«
»Chömmet« rüeft der Chnab, und pöpperlet wieder am Fenster,
»Nummen uf en einzig Wörtli!« – »Los mi ung'heit iez!«
»Chrütz im Baum, und Schufle no, und no ne mol Schufle!«
Und so gohts vom Chrützer bis endli zu der Dublone.

Wo sie ufstöhn, seit der Grünrock: »Michel, i cha di
iez nit zahle. Magsch derfür mi Fingerring bhalte,
bis i en wieder lös. Es sin verborgeni Chräfte
in dem rothe Charfunkel. O lueg doch, wie ner ein a'blizt!«
's dritmol chlopfts am Fenster: »O Michel chömmet, wil's Zit isch!«
»Loß en schwetze«, seit der Grünrock, »wenn er nit goh will!
Nimm du do mi Fingerring, und wenn de ke Chrützer
Geld deheim, und niene hesch, es cha der nit fehle.
Wenn der Ring am Finger steckt, und wenn de in Sack lengsch
alli Tag emol, se hesch e bairische Thaler.

Nummen an kem Fyrtig, i wott der das selber nit rothe.
Chasch mi witers bruche, se rüef mer nummen! I hör di.
Heißi nit Vizli Buzli, und hani d' Ohre nit bymer?«

Sieder briegget d'Frau deheim im einseme Stübli,
und list in der Bibel und im verrißene Betbuch,
und der Michel chunnt und schändet: »Findi di wieder
an dim ewige Betten und dunderschießige Hüle?
Lueg do, was i gunne ha, ne rothe Charfunkel!«
's Kätterli verschreckt: »O Jesis«, seit es, »was siehni!
s' isch ke guete Schick!« – und sinkt dernieder in Ohnmacht.

Wärsch doch nümme verwacht, wie menge bittere Chummer
hättsch verschlofen, armi Frau, wo diner no wartet!

Jez wirds tägli schlimmer. Uf alle Merte flankiert er,
alli Chülbene bsucht er, und wo me ne Wirthshus bitrittet,
z'nacht um Zwölfi, Vormittag und z'oben um Vieri,
sizt der Michel dört, und müschlet trüglichi Charte.
's Chind verwildert, 's Güetli schwindet, Acker um Acker
chunnt an Staab und d'Frau vergoht in bittere Thräne.
Goht er öbbe heim, gits schnödi Reden und Antwort:
»Chunnsch du Lump?« Und so und so. – Mit trunkene Lippe
fluecht der Michel, schlacht si Frau. Jez muß er zum Pfarrer,
iez vor Oberamt, und mittem Haschierer im Thurn zu.
Goht er schlimm, se chunnt er ärger, wennem der Vizli
Buzli wieder d'Ohre striicht, und Gallen ins Blut mischt.

So währts siebe Johr. Emol se bringt en der Buzli
wieder usem Thurn, und »Allo göhn mer ins Wirthshus,
eb de heim chunnsch mit de Streiche, wo sie der ge hen!
Was der d'Frau zum Willkumm g'chocht het, wird di nit brenne.
Los, de duursch mi, wenn i dra denk, 's möcht mi versprenge,
'wie's der goht, und wie der d'Frau di Lebe verbittert.
So ne Ma, wie du, wo 's Tags si Thaler verthue cha.
Glückli bisch im Spiele, doch no nem leidige Sprück[h]wort,
mittem Wibe hesch's nit troffe, chani der sage.
Wärsch elli, wie hättsch's so gut, und lebtisch so rüeihig!
's pin'get di, me sieht ders a, und d'Odere schwelle.
Trink e Schlückli Brenz, er chüeltder öbbe di Jast ab!«
Aber d'Frau deheim, mit z'semegschlagene Hände

sizt si uffem Bank, und luegt dur Thränen an Himmel.
»Siebe Johr und siebe Chrütz!« so schluchzget sie endli,
's wird mer redli wohr, und Gott im Himmel wells ende!«
Seits und nimmt e Buch und betet in Todesgidanke.
Drüber schnellt der Michel d'Thür uf, und fürchterli schnauzt er:
»Hülsch au wieder? Du heschs nöthig, falschi Canali!
Sur-Chrut choch mer!« 's Kätterli seit: »'s isch niene ke Füür meh.«
»Sur-Chrut willi! Lueg i dreih der 's Messer im Lib um.« –
»Lieber hüt, as morn. De bringsch mi untere Bode,
ei Weg wie der ander, und 's Büebli hesch mer scho g'mordet.« –
»Di soll der Dunder unds Wetter in Erdsboden abe verschlage!«
Seit's und zuckt, und sinnlos schwanket 's Kätterli nieder.
»O mi bluetig Herz«, so stöhnts no lisli, wo's umfallt.
»Chumm, o Schueflebueb, do heschmi, schufle mi abe!«
Jez der Michel furt, vom schnelle Schrecken ergriffen,
lauft ins Feld, der Bode schwankt, und 's raßlet im Nußbaum.
»Vizli Buzli roth mer du!« So rüeft er. Der Buzli
hinterem Nußbaum stoht er, und chunnt, und frogt en: »Was fehlt der?«
»D' Kätheri hani verstoche, iez roth mer, was i soll mache!« –
»Isch das alles?« seit der Buzli. »Weger de chasch ein
doch verschrecken, aß me meint, was Wunder passiert seig!
Närsch, iez chasch im Land nit blibe, 's möcht e Verdruß ge.
Isch nit dört der Rhi? Und chumm, i will di bigleite,
's stoht e Schif am Gstad!« – Jez stige sie ehnen im Sunggäu
frisch ans Land, und quer dur's Feld. Im einseme Wirthshus
brennt e Licht. »Mer wen doch luege, wer no do in isch,«
seit der Grün, »wer weiß do chasch der d' Grille vertribe!«

Aber im Wirthshus sitze no spoti nächtligi Gselle,
und 's goht vornen a mit Banketieren und Spiele.
»Chrütz isch Trumpf! Und no ne mol! Und chönnetder die do?
Gstoche die! und no ne Trumpf! Und – gstoche das Herzli!«
's isch scho halber Zwölfi. Will echt mit lockiger Stirne
iez ke Chnab erschine? Nei weger! Michel, es endet!
O, wie spielsch so söllich ungschickt? G'stoche das Herzli,
lengt em tief in d'Seel, und alli mol, wenn er e Stich macht,
wiederholts der Grün, und wirft im Michel e Blick zu.
Drüber warnts uf Zwölfi. Mit alliwil schlechtere Charte

spielt er allwill schlechter, und zahlt afange mit Chride.
Druf hets Zwölfi gschlage. Jez lengt er mit g'ringletem Finger
frisch in Sack: »Wer wechslet no ne bairische Thaler?«
Schlechti Münz, Her Michel! Er lengt in glasige Scherbe,
thut e Schrei, und luegt mit Gruus und Schrecke der Grün a.
Aber der Buzli leert si Brenntewi-Gläsli und schmazget:
»Michel, chumm iez furt, der Wirth würd wellen ins Bett goh!
's chömme hüt viel Gäst, sie hen e lustige Fyrtig.
Isch nit Ludwigstag, der fünfezwenzigst Augusti?
Dreih am Ring, so lang de witt, de bringsch en nit abe!«
O, wie het der Michel g'lost – e lustige Fyrtig;
O wie het er d'Füeß am Tischbei unte verchlammert!
's hilft nit lang, und thut nit gut. Mit ängstlichem Bebe
stoht er uf, und seit ke Wort, und göhn mit enander,
vornen a der Grün, und an de Ferse der Michel,
wie ne Chalb im Metzger folgt zur bluetige Schlachtbank.
Oebbe ne Büchseschuß vom Wirthshus stellt en der Buzli.
»Michel«, seit er, »lueg es stoht kei Sternli am Himmel!
Lueg, der Himmel hangt voll Wetter über und über!
's goht kei Luft, es schwankt kei Nast, es rührt si ke Läubli,
Und du bisch mer au so still. I glaub, de witt bette,
oder machsch der d'Uerthen und isch der 's Lebe verleidet?
Wie de meinsch! Di Wahl isch schlecht, i muß ders bikenne.
Se, do hesch e Messer! I ha's am Blotzemer Mert g'chauft!
Hau der d'Gurgele selber ab, se chost's di ke Trinkgeld!«

* * *

So het der Aetti verzehlt, und mit engbrüstigem Othem
seit druf d'Mutter: »Bisch bal ferig? Mach mer die Meidli
nit so z'förche, 's sin doch nummen erdichtete Mährli!« –
»Jo, i bi jo ferig!« erwiedert der Aetti, »dört lit er
mit sim Ring im Dorne Ghürst, wo d'Trostle nit singe.«
Aber d'Marei seit: »O Muetter, wer wird em denn förche!
Denksch, i merk nit, was er meint, und was er will sage?
Jo, der Vizli Buzli, das isch die bösi Versuchung.
Lokt sie nit, und führt sie nit in Sünden und Elend,
wenn e Mensch nit bete mag, und folgt nit, und schafft nüt!
Und der lockig Chnab ist gueti Warnig im Gwisse.
O, i chenn mi Aetti wohl, und sine Gidanke!«

Das Hexlein.

Und woni uffem Schnid-Stuhl sitz
für Basseltang, und Liechtspöhn schnitz,
se chunnt e Hexli wohlgimuth,
und frogt no frey: »Haut's Messer gut?[«]

Und seit mer frey no Gute Tag!
und woni lueg, und woni sag:
»'s chönnt besser go, und Große Dank!«
se wird mer's Herz uf ei mol chrank.

Und uf, und furt enanderno,
und woni lueg, ischs nümme do,
und woni rüef: »Du Hexli he!«
se gits mer scho kei Antwort meh.

Und sieder schmeckt mer's Esse nit;
stell numme [= umme], was de hesch und witt,
und wenn en anders schlofe cha,
se höri alle Stundi schlah.

Und was i schaff, das g'rothet nit,
und alli Schritt und alli Tritt,
se chunnt mim Sinn das Hexli für,
und was i schwetz, isch hinterfür.

's isch wohr, es het e Gsichtli gha,
's verluegti si en Engel dra,
und 's seit mit so 'me freie Muth,
so lieb und süß: »Haut's Messer gut.«

Und leider hani's ghört und gseh,
und sellemols und nümme meh.
Dört ischs an Hag und Hurst verbey,
und witers über Stock und Stei.

Wer spöchtet mer mi Hexli us,
wer zeigt mer siner Mutter Hus?
I lauf no, was i laufe cha,
wer weiß, se trifft's doch no a!

I lauf no alli Dörfer us,
i such und frog vo Hus zu Hus,
und würd mer nit mi Hexli chund,
se würdi ebe nümme g'sund.

Der Mann im Mond.

»Lueg, Müetterli, was isch im Mo'?«
He, siehsch denn nit, e Ma!
»Jo wegerli, i sieh en scho.
Er het e Tschöpli a«.

»Was tribt er denn die ganzi Nacht,
er rüehret io kei Glied?«
»He, siehsch nit, aß er Welle macht?«
»Jo, ebe dreiht er d'Wied.«

»Wär ich, wie er, i blieb dehei,
und machti d'Welle do.«
He, isch er denn us üser Gmei'?
Mer hen scho selber so.

Und meinsch, er chönn so, wiener well?
Es wird em, was em g'hört.
Er gieng wol gern – der sufer Gsell
muß schellewerche dört.

»Was het er bosget, Müetterli?
Wer het en bannt dörthi?«
Me het em gseit der Dieterli,
e Nütznutz isch er gsi.

Ufs Bete her er nit viel gha.
ufs Schaffen o nit viel,
und öbbis muß me triebe ha,
sust het me langi Wil.

Drum, het en öbbe nit der Vogt
zur Strof ins Hüsli gspert,
sen isch er ebe z'Chander g'hockt,
und het d'Butelli g'lert.

»Je, Müetterli, wer het em's Geld
zu so'me Lebe ge?«
Du Närsch, er het in Hus und Feld
scho selber wüsse z'neh.

Ne mol, es isch e Sunntig gsi,
so stoht er uf vor Tag,
und nimmt e Beil, und tummlet si,
und lauft in Lieler Schlag.

Er haut die schönste Büechli um,
macht Bohne-Stecke drus,
und treit sie furt, und luegt nit um,
und isch scho fast am Hus.

Und ebe goht er uffem Steg,
se ruuscht em öbbis für:
»Jez Dieter gohts en andere Weg!
Jez Dieter chumm mit mir!«

Und uf und furt, und sieder isch
kei Dieter wit und breit.
Dört obe stoht er im Gibüsch
und in der Einsamkeit.

Jez haut er iungi Büechli um;
iez chuchet er in d'Händ;
iez dreiht er d'Wied, und leit sie drum,
und 's Sufe het en End.

So gohts dem arme Dieterli;
er isch e gstrofte Ma!
»O bhütis Gott, lieb Müetterli,
i möchts nit mittem ha!«

Se hüt di vorem böse Ding,
's bringt numme Weh und Ach!
Wenn's Sunntig isch, se bet und sing.
Am Werchtig schaff di Sach.

Die Marktweiber in der Stadt.

I chumm do us 's Rothshere Hus,
's isch wohr, 's sieht proper us;
doch ischs mer, sie heigen o Müeih und Noth
und allerlei schweri Gidanke,
　»Chromet süssen Anke!«
wies eben überall goht.

Jo weger, me meint in der Stadt
seig alles sufer und glatt;
die Here sehn eim so lustig us,
und 's Chrütz isch ebe durane,
　»Chromet jungi Hahne!«
mengmol im pröperste Hus.

Und wemme g'chämpft muß ha,
gohts meini, ehnder no a
im Freie dusse, wo d'Sunn o lacht;
Und Blumen und Aehri schwanke,
　»Chromet süssen Anke!«
und d'Sterne flimmere z'Nacht.

Und, wenn der Tag verwacht,
was ischs nit für e Pracht!
Der lieb Gott, meintme, well selber cho,
er seig scho an der Chrischone,*
　»Chromet grüni Bohne!«
und chömm iez enanderno.

Und d'Vögeli meine's o,
sie werde so busper und froh,
und singe: »Herr Gott dich loben wir«
und 's glitzeret ebe z'send ane;
　»Chromet jungi Hane!«
's isch wohr, me verlueget si schier.

---

* Alte Kirche auf einem Bergrücken.

Und faßt e frische Muth,
und denkt: Gott meint is gut,
sust hätt der Himmel kei Morgeroth;
er willis nummen o üebe.
 »Chromet geli Rüebe!«
Mer bruche ke Zuckerbrod.

Und innewendig am Thor
het menge d'Umhäng no vor,
er schloft no tief, und 's traumt em no.
Und ziehn sie der Umhang fürsi,
 »Chromet schwarzi Chirsi!«
se simmer scho alli do.

Drum merke sies selber schier,
und chömme zum Pläsier
ufs Land, und hole ne frische Muth
im Adler und bym Schwane,
 »Chromet jungi Hahne!«
und 's schmecktene zimli gut.

Und doch meint so ne Her,
er seig weiß Wunder mehr,
und lueget ein numme halber a.
Es dunkt mi aber, er irr si;
 »Chromet süssi Chirsi!«
Mi Hans isch au no e Ma.

Rich sin sie, 's isch kei Frog,
's Geld het nit Platz im Trog.
Mir thuet bym Blust e Büeßli weh,
by ihne heißt es: Dublone,
 »Chromet grüni Bohne!«
und hen no alliwil meh.

Was chost en Immis nit?
's heißt numme: Mul, was witt?
Pastetli, Strübli, Fleisch und Fisch,
und Törtli und Makrone.
 »Chromet grüni Bohne!«
Der Platz fehlt uffem Tisch.

Und erst der Staat am Lib!
me cha's nit seh vor Chib.
Lueg numme die chospere Junten a!
I wott sie schenkte mir sie.
 »Chromet schwarzi Chirsi!«
Sie chönnte mini drum ha.

Doch isch eim 's Herz bitrübt,
se gib em, was em b'liebt,
es schmekt em nit, und freut en nit;
es goht eim wie de Chranke.
 »Chromet süssen Anke!«
Was thut me denn dermit?

Und het me Chrütz und Harm,
sen isch me ringer arm;
me het nit viel, und brucht nit viel,
und isch doch sicher vor Diebe,
 »Chromet geli Rüebe!«
Z'lezt chunnt men o zum Ziel.

Jo gell, wenns Stündli schlacht?
He, io, 's bringt iedi Nacht
e Morgen, und me freut si druf.
Gott het im Himmel Chrone,
 »Chromet grüni Bohne!«
Mer wen do das Gäßli uf.

Der Sommerabend.

O, lueg doch, wie isch d'Sunn so müed,
lueg, wie sie d'Heimeth abezieht!
O lueg, wie Stral um Stral verglimmt,
und wie sie 's Fazenetli nimmt,
e Wülkli, blau mit roth vermüscht,
und wie sie an der Stirne wüscht.

's isch wohr, sie het au übel Zit,
im Summer gar, der Weg isch wit,
und Arbet findt sie überal
in Hus und Feld, in Berg und Thal.
's will alles Liecht und Wärmi ha,
und spricht sie um e Segen a.

Meng Blümli het sie usstaffirt,
und mit scharmante Farbe ziert,
und mengem Immli z'trinke ge,
und gseit: Hesch gnug und witt no meh?
und 's Chäferli het hinte no
doch au si Tröpfli übercho.

Meng Some-Chöpfli het sie gsprengt,
und 's zitig Sömli use g'lengt.
Hen d'Vögel nit bis z'allerlezt
e Bettles gha, und d'Schnäbel g'wezt?
Und kein goht hungerig ins Bett,
wo nit si Theil im Chröpfli het.

Und wo am Baum e Chriesi lacht,
se het sie'm rothi Bäckli gmacht;
und wo im Feld en Aehri schwankt,
und wo am Pfohl e Rebe rankt,
se het sie eben abe glengt,
und het's mit Laub und Bluest umhengt.

Und uf der Bleichi het sie gschaft
hütie und je us aller Chraft.
Der Bleicher het si selber g'freut,
doch hätt' er nit, vergelts Gott, gseit.
Und het e Frau ne Wöschli gha,
se het sie trochnet druf und dra.

's isch weger wohr, und überal,
wo d'Sägesen im ganze Thal
dur Gras und Halme gangen isch,
se het sie g'heuet froh und frisch.
Es isch e Sach, by miner Treu,
am Morge Gras und z'obe Heu!

Drum isch sie iez so sölli müed,
und brucht zum Schlof kei Obe-Lied;
ke Wunder, wenn sie schnuuft und schwitzt.
Lueg wie sie dört uf 's Bergli sizt!
Jez lächlet sie zum lezte mol.
Jez seit sie: Schlofet alli wohl!

Und d'unten isch sie! B'hüt di Gott!
Der Guhl, wo uffem Chilch-Thurn stoht,
het no nit gnug, er bschaut sie no.
Du Wunderwitz was gafsch denn so?
Was gilts, sie thut der bald derfür,
und zieht e rothen Umhang für!

Sie duuret ein, die guti Frau,
sie het ihr redli Hus-Chrütz au.
Sie lebt gwiß mittem Ma nit gut,
und chunnt sie heim, nimmt er si Hut;
und was i sag, iez chunnt er bald,
dört sizt er scho im Fohre-Wald.

Er macht so lang, was tribt er echt?
Me meint schier gar, er traut nit recht.
Chum numme, sie isch nümme do,
's wird alles sy, se schloft sie scho,

Jez stoht er uf, er luegt ins Thal,
und 's Möhnli grüeßt en überal.

Denkwohl, mer göhn iez au ins Bett,
und wer kei Dorn im G'wiße het,
der brucht zum Schlofen au kei Lied;
me wird vom Schaffe selber müed;
und öbbe hemmer Schöchli gmacht,
drum gebis Gott e guti Nacht!

Die Mutter am Christ-Abend.

Er schloft, er schloft! Do lit er, wie ne Grof!
Du lieben Engel, was i bitt,
by Lib und Lebe verwach mer nit,
Gott gunnts m'im Chind im Schlof!

Verwachmer nit, verwachmer nit!
Di Mutter goht mit stillem Tritt,
sie goht mit zartem Mutter-Sinn,
und holt e Baum im Chämmerli d'inn.

Was henki der denn dra?
Ne schöne Lebchueche-Ma,
ne Gitzeli, ne Mummeli
und Blüemli wiiß und roth und gel,
vom allerfinste Zucker-Mehl.

's isch gnueg, du Mutter-Herz!
Viel Süeß macht numme Schmerz.
Gib's sparsam, wie der liebi Gott,
nit all' Tag helfet er Zucker-Brod.

Jez Rümmechrüsliger her,
die allerschönste, woni ha,
's isch nummen au kei Möseli dra.
Wer het sie schöner, wer?

's isch wohr, es isch e Pracht,
was so en Oepfel lacht;
und isch der Zucker-Beck e Ma,
se mach er so ein, wenn er cha.
Der lieb Gott het en gmacht.

Was hani echt no meh?
Ne Fazenetli wiiß und roth
und das eis vo de schöne.
O Chind vor bittre Thräne
biwahr di Gott, biwahr di Gott!

Und was isch me do inn?
ne Büechli, Chind, 's isch au no di.
I leg der schöni Helgeli dri,
und schöni Gibetli sin selber drinn.

Jez chönnti, traui, goh;
es fehlt nüt meh zum Gute –
Potz tausig, no ne Ruthe!
Do isch sie scho, do isch sie scho!

's cha sy, sie freut di nit,
's cha sy, sie haut der s' Vüdeli wund;
doch witt nit anderst, sen ischs der gsund;
's mueß nit sy, wenn d' nit witt.

Und willschs nit anderst ha,
in Gottis Name seig es drum!
Doch Muetter-Lieb isch zart und frumm,
sie windet rothi Bendeli dri,
und macht e Letschki dra.

Jez wär er usstaffirt,
und wie ne Mai-Baum ziert,
und wenn bis früeih der Tag verwacht,
het 's Wienecht-Chindli alles gmacht.

De nimmschs und danksch mer's nit;
Drum weisch nit, wer ders git.
Doch machts der numme ne frohe Muth,
und schmekts der numme, sen ischs scho gut.

Bym Bluest, der Wächter rüeft
scho Oelfi! Wie doch d'Zit verrinnt,
und wie me si vertieft,
wenn 's Herz an näumis Nahrig findt?

Jez, bhütdi Gott der Her!
En anderi Cheri mehr!
Der heilig Christ isch hinecht cho,
het Chindes Fleisch und Blut ag'no;
Wärsch au so brav, wie er!

Eine Frage.

Sag, weisch denn selber au, du liebi Seel,
was 's Wienechtchindli isch, und heschs bidenkt?
Denkwol i sag der's, und i freu mi druf.

O, 's isch en Engel usem Paradies
mit sanften Augen und mit zartem Herz.
Vom reine Himmel abe het en Gott
de Chindlene zum Trost und Sege gschickt.
Er hüetet sie am Bettli Tag und Nacht.
Er deckt sie mittem weiche Fegge zu,
und weiht er sie mit reinem Othem a,
wird's Aeugli hell und 's Bäckli rund un roth.

Er treit sie uf de Hände in der G'fohr,
günnt Blüemli für sie uf der grüene Flur,
und stoht im Schnee und Rege d'Wienecht do,
se henkt er still im Wienechtchindli-Baum
e schöne Früehlig in der Stuben uf,
und lächlet still, und het si süeßi Freud,
und Mutterliebi heißt si schöne Name.

Jo, liebi Seel, und gang vo Hus zu Hus,
sag Gute Tag, und B'hütich Gott, und lueg!
Der Wienechtchindli-Baum verrothet bald,
wie alli Müetter sin im ganze Dorf.

Do hangt e Baum, nei lueg me doch und lueg!
In alle Näste nüt as Zuckerbrod.
's isch nit viel nutz. Die het e närschi Freud
an ihrem Büebli, will em alles süeß
und liebli mache, thut em, was es will.
Gib acht, gib acht, es chunnt e mol e Zit,
se schlacht sie d'Händ no z'semmen überm Chopf,
and seit: »Du gottlos Chind, isch das mi Dank?«
Jo weger Müetterli, das isch di Dank!

Jez do siehts anderst dri in Nochbers Hus.
Scharmanti bruni Bire, welschi Nuß
und menge rothen Oepfel ab der Hurt,
e Gufebüchsli, doch wills Gott der Her
ke Gufe drinn. Vom zarte Bese-Ris
e goldig Rüethli, schlank und nagelneu!
Lueg, so ne Muetter het ihr Chindli lieb!
und wird mi Bürstli meisterlos, und meint,
es seig der Her im Hus, f[s]e hebt si b'herzt
der Finger uf, und förcht ihr Büebli nit,
und seit: »Weisch nit, was hinterm Spiegel steckt?«
Und 's Büebli folgt, und wird e brave Chnab.

Jez göhn mer wieder witers um e Hus.
Zwor Chinder gnug, doch wo me luegt und luegt
schwankt wit und breit ke Wienechtchindli-Baum.
Chumm, weidli chumm, do blibe mer nit lang!
O Frau, wer het di Muetterherz so g'chüelt?
Verbarmt's di nit, und goht's der nit dur d'Seel,
wie dini Chindli wie di Fleisch und Blut
verwildern ohni Pfleg und ohni Zucht,
und hungrig by den andre Chinde stöhn
mit ihre breite Rufe, schüch und fremd?
Und Wi' und Caffi schmekt dir doch so gut!

Doch lueg im vierte Hus, das Gott erbarm,
was hangt am grüene Wienechtchindli-Baum?
Viel stachlig Laub, und näume zwische drinn
ne schrumpfig Oepfeli, ne dürri Nuß!
Sie möcht, und het's nit, nimt ihr Chind uf d'Schoß,

und wärmt's am Buse, luegets a und briegt;
der Engel stüürt im Chindli Thränen i.
Sel isch nit gfehlt, 's isch mehr as Marzipan
und Zuckererbsli. Gott im Himmel siehts,
und het us mengem arme Büebli doch
e brave Ma und Vogt und Richter gmacht,
und usem Töchterli ne bravi Frau,
wenns numme nit an Zucht und Warnig fehlt.

Noch eine Frage.

Und weisch denn selber au du liebi Seel,
worum de dine zarte Chinde d' Freud
in so ne stachlig Bäumli* ine henksch?
Wil's grüeni Blättli het im Winter, meinsch,
und spitzi Dörn, aß 's Büebli nit, wie 's will
die schöne Sachen use höckle cha.
's wär nit gar über gfehlt, doch weischs nit recht.
Denkwol, i sag ders, und i freu mi druf.

Lueg, liebi Seel, vom Menschenlebe soll
der dornig Freudebaum en Abbild sy.
Nooch by nenander wohne Leid und Freud,
und was der 's Lebe süeß und liebli macht,
und was no schöner in der Ferni schwebt,
de freusch di druf, doch in der Dörne hangts.

Was denksch derzu? Zum Erste sagi so:
Wenn Wermeth in di Freudebecher fließt
und wenn e scharfe Schmerz dur's Lebe zuckt,
verschrick nit drab, und stell di nit so fremd!
Die eigni Muetter selig, tröst sie Gott,
sie het der 's Zeichen in der Chindheit ge.
Drum denk: »Es isch e Wienechtchindli-Baum,
nooch by nenander wohne Freud und Leid.«

---
* Stechpalme

Zum Zweyte sagi das: Es wär nit gut,
wenns anderst wär. was us de Dorne luegt,
sieht gar viel gattiger und schöner us,
und 's fürnehmst isch, me het au länger dra.
's wär just, as wemme Zuckerbrod und Nuß,
und was am Bäumli schön und glitz'rig hangt,
uf eimol in e Suppeschüßle thät,
und stellt's umme: »Iß so lang de magsch,
und näumis do isch!« Wärs nit Uhverstand?

Zum Dritti sagi: Wemmen in der Welt
will Freude hasche, Vorsicht ghört derzu;
sust lengt me bald in d'Aglen und in Dörn,
und zieht e Hand voll Stich und Schrunde z'ruck.
Denn d'Freud hangt in de Dorne. Denk mer dra,
und thue ne wenig gmach! Doch wenn de's hesch,
se loß ders schmecke! Gunn ders Gott der Her!

Gespenst an der Kanderer Straße.

's git Gspenster, sel isch us und isch verbey!
Gang nummen in der Nacht vo Chander hei',
und bring e Ruusch! De trifsch e Plätzli a,
und dört verirrsch. I setz e Büeßli dra.

Vor Ziten isch nit wit vo sellem Platz
e Hüsli gsi; e Frau, e Chind, e Chatz
hen g'othmet drinn. Der Ma het vorem Zelt
si Lebe g'lo im Heltelinger Feld.

Und wo sie hört: »Di Ma litt unterm Sand«
se het me gmeint, sie stoß der Chopf an d'Wand.
Doch holt sie d'Pappe no vom Füür und blost,
und gits im Chind, und seit: »Du bisch mi Trost!«

Und 's wärs au gsi. Doch schlicht e mol mi Chind
zur Thüren us, und d'Muetter sizt und spinnt,
und meint, 's seig in der Chuchchi, rüeft und goht,
und sieht no iust, wie's uffem Fußweg stoht.

Und drüber lauft e Ma, voll Wi und Brenz,
vo Chander her ans Chind und überrennt's,
und bis sie 'm helfe will, sen ischs scho hi,
und rüehrt sie nit – e flösche Bueb ischs gsi.

Jez rüstet sie ne Grab im tiefe Wald,
und deckt ihr Chind, und seit: »I folg der bald!«
Sie sezt si nider, hütet's Grab und wacht,
und endli stirbt sie in der nünte Nacht.

Und so verwest der Lib in Luft und Wind.
Doch sizt der Geist no dört, und hüetet's Chind,
und hütigs Tags, de Trunkene zum Tort,
goht d'Chandrer Stroß verbey an selbem Ort.

Und schwankt vo Chander her e trunkene Ma
se siehts der Geist si'm Gang vo witem a,
und führt en abwärts, seig er, wer er sey,
er loßt en um kei Pris am Grab verbey.

Er chunnt vom Weg, er trümmlet hüst und hott,
er bsinnt si: »Bini echterst, woni sott?«
Und luegt und lost, und mauet öbbe d'Chatz,
se meint er, 's chreih e Guhl an sellem Platz.

Er goht druf dar, und über Steg und Bruck
se maut sie eben all'wil witer z'ruck;
und wenn er meint, er seig iez bald dehei,
se stoht er wieder vor der Weserei.

Doch, wandle selli Stroß her nüchteri Lüt,
se seit der Geist: »Ihr thüent mi'm Büebli nüt!«
Er rührt sie nit, er loßt sie ordeli
passieren ihres Wegs. Verstöhntder mi?

Der Käfer.

Der Chäfer fliegt der Jilge zu,
es sizt e schönen Engel dört!
er wirthet gwis mit Blumesaft,
und 's chostet nit viel, hani ghört.

Der Engel seit: »Was wär der lieb?«
»Ne Schövli Alte hätti gern!«
Der Engel seit: »Sel cha nit sy,
sie hen en alle trunke fern.« –

»Se schenk e Schöpli Neuen i!« –
»Do hesch eis!« het der Engel gseit.
Der Chäfer trinkt, und 's schmeckt em wohl,
er frogt: »Was isch mi Schuldigkeit!«

Der Engel seit: »He, 's chostet nüt!
Doch richtsch mer gern e Gfalle us,
weisch was, se nimm das Blumemehl,
und tragmers dört ins Nochbers Hus!«

»Er het zwor selber, was er brucht,
Doch freuts en, und er schickt mer au
mengmol e Hämpfeli Blumemehl,
mengmol e Tröpfli Morgethau.«

Der Chäfer seit: »Jo frili, io!
Vergelts Gott, wenn de z'friede bisch.«
Druf treit er's Mehl ins Nochbers Hus,
wo wieder so en Engel isch.

Er seit: »I chumm vom Nochber her,
Gott grüeß di, und er schick der do,
au Blumemehl!« Der Engel seit:
»De hättsch nit chönne iuster cho.«

Er ladet ab; der Engel schenkt
e Schöpli gute Neuen i.
Er seit: »Do trink eis, wenn de magsch!«
Der Chäfer seit: »Sel cha scho sy!«

Druf fliegt er zu si'm Schätzli heim,
's wohnt in der nöchste Haselhurst.
Es balgt und seit: »Wo blibsch so lang?«
Er seit: »was chani für mi Durst?«

Jez luegt ers a, und nimmts in Arm,
er chüßts, und isch bym Schätzli froh.
Druf leit er si ins Todtebett,
und seit zum Schätzli: »Chumm bald no!«

Gel Sepli, 's dunkt di ordeli!
De hesch au so ne lustig Bluet.
Je, so ne Lebe, liebe Fründ,
es isch wohl für e Thierli gut.

Der Statthalter von Schopfheim.

Vetter Hans Jerg, 's dunnert, es dunneret ehnen am Rhi-Strom,
und es git e Wetter! I wott, es zög si vorüber.
's chunnt so schwarz – nei lueget, wie's blizt, und loset, wie's windet,
wie's im Chemi tost, und der Guhl uffem Chilche-Thurn gahret!
Helfis Gott! – 's chunnt alliwil nöcher und alliwil stärcher.
Ziehnt doch d'Läden a, der Glast möcht' d'Auge verblende,
und iez holet 's Chrüsli und sitzet do ummen, i willich
us den alte Zite vom Statthalter näumis verzehle.
Friedli het me nem gseit, und het's e seltseme Bueb ge,
isch's der Friederli gsi in siner Juged, das weißi!
Aber schöner as er, isch ken durs Wiesethal g'wandlet,
woner no Bure-Chnecht bym alte Statthalter gsi isch.
Chrusi Löckli her er gha und Auge wie Chole,
Backe wie Milch und Blut und rundi chräftigi Glieder.
's Meisters Vreneli het an ihm si eigeni Freud gha,
er am Vreneli au, doch isch er numme der Chnecht gsi.
Nei, wie machts, und nei, wie schüttets! Bringetder 's Chrüsli
und e Ränftli Brod derzu? Jez sitzet und loset!
Vor fünfhundert Johren, i ha's vom Ätti erfahre,
isch e schwere Chrieg und sin Panduren im Land gsi.
Drunter ischs und drüber gange, was me cha sage.
Rich isch richer worden an Geld, an Matten und Hochmuth,
Arm isch ärmer worden und numme d'Schulde hen zu g'no.
Menge brave Ma hets nümme chönne prästiere,
het si Sach verloren und Hunger g'litten und bettlet.
Mengi hen si zsemme g'rottet zwischen d' Berge.
Z'letzt het no der Friede ne Pack Maroden im Land g'lo,
gföhrli Volch mit Schwerd und Büchse, listig und unheim,
's sin bitrübti Zite gsi, Gott well is biwahre!
Sel mol het e Bur uf der Egerte nieden an Farnau
Hus und Schüre gha und Stiere, 's wärich ke Tropfe
Wasser uffene gestanden, und uf de Matte vo Farnau
bis go Huse Tensch an Tensch und Schmehlen an Schmehle
het der Uhli g'meiht, und 's Heu uf d' Egerte heimg'führt,
aber e wüste Ma zu dem, wie's ken meh in siebe
Here-Ländere git, im Welschland isch er so worde.
Hätt em der Statthalter z'Schopfe nit 's Vreneli endli zur Frau ge,

's Vreneli voll Verstand, und wie der Morge so lieblig,
's hätt 's ke Magd im Hus bis Bet-Zit chönnen erlide,
und kei Chnecht hätt' zuenem dingt. Es chunnt eim e Bettler,
und me git em ke Brod, se seit me doch öbben im Friede:
»Helfich Gott!« – Er nit! »I will der 's Bettle verleide,«
het er gseit, »und gang, wils Zit isch! Flieh mi der Teufel!«
Und die arme Lüt hen 's Gott befohlen, und briegget.
Jedem chunnt si Zit! So öbbe ne Wuche vor Wienecht
het der Uhli gmezget, und het er gwurstet bis z'Obe.
het er z'Nacht si Chrügli g'lüpft bym brotene Ribbli.
»Vreni gang in Cheller, und Vreni leng mer z'trinke!«
het er mehr as zwenzig mol mit brochener Stimm gseit.
Gsinnet hen sie 'n emol uf siebe Mos und e Schöpli.

Aber wo meinetder mög sel Zit der Friederli gsi sy?
Oebben im Futergang? By's Meisters Stieren und Rosse?
Hender gmeint io wohl! Scho z'Fasnecht isch er im Meister
us de Hände gwütscht, sust hätt en der Statthalter ghüblet.
Het er näumis bosget, se willi 's nit verrothe;
was gohts mi denn a? Furt isch er! Ueber e Monet
het me ke Spur mehr gha, bis öbben anfangs Aprille
stoht er by den arme Manne zwische de Berge.
Schön an Wuchs und Gsicht, und fründli gege de Lüte,
muthig wie ne Leu, doch voll verborgener Bsinnig
hen sie 'n alli gern, und sage: »Seig du der Hauptma!
Was de seisch, das thüemer, und schickis numme je göihmer,
hundert füfzig Ma und siebenesiebezig Buebe!«
Und der Friedli seit: »D'Marodi wemmer verfolge.
Wenn e riche Bur die Arme plaget und schindet,
wemmer em der Meister zeigen, aß es en Art het,
bis au wieder Recht und Gsetz und Ordnig im Land isch.«
Helfis Gott der Herr! – Jez rüeft der Hauptma sim Völchli:
»Manne, was fange mer a? I hör der Uhli het gmezget.
's wär e Site Speck wol us der Bütene z'hole
und e Dozzet Würst. Wie wärs? Doch 's Vreneli duurt mi.
Besser ischs, es göhn e par, und singen ums Würstli!
Saget, i löß en grüeßen, er solls im Friede verzehre,
und mer vo der Sau doch au ne Müsterli schicke.
Hemmer nit menge Hirz us sine Gärte verscheuchet?
Hemmer uf sine Matte ne Habermark-Störzli vertrette?

Oder e Bäumli gschüttlet? Isch sine Chnechten und Buebe
nummen au so viel gscheh? Sie hen doch g'hütet und g'wassert
z'nacht um Eis, und früeih vor Tag; sie chönne nit chlage.
Leget em's ordlig ans Herz, i wünschich guti Verrichtig!«
Seits und 's göhn drei Buben, und chömme mit Säcke zum Uhli.
»Guten Obe!« [»]Dunderschieß! Was hender, was wender?« –
»He mer chömme do abe vom Sattel-Hof. Zeiget, wie sinder!
So het üse Meister gseit, so sagemer wieder.«
Schlimmer Wis isch, wo sie cho sin, 's Vreneli näume
dusse gsi, doch d'Chnecht sin uffem Ofe-Bank glege,
und der Uhli voll Wi git grobi Reden und Antwort.
»Saget euerm Meister – (es isch mit Ehre nit z'melde)
Meister hi und Meister her, und wer isch der Meister?
's lauft so Waar iez gnug im Land, wo bettlen und stehle,
Schere-Schlifer, Hafe-Binder, alti Soldate,
Säge-Feiler, Zeinemacher, anderi Strolche.
Wemmen alle wott ge, me müeßt no mittene laufe.
Packetich, iez isch's hochi Zit!« – »He io, der Gotteswille!
Nummene Hämpfeli Mehl, und nummen au so ne Würstli!« –
»Wart du Siebe-Chetzer, e Ribbe-Stückli wird guet sy!
Jobbi, gang an d'Stud, und leng mer der Fareschwanz abe!
Wenderich packe iez gli, i frog, ihr lustige Strolche!«
Jo, sie hen si packt, doch hinterne schliche vom Ofe
d'Chnecht zur Thüren us, und suche 's Vreneli dusse.
»Meisterne, iez ischs gfehlt, iez Meisterne helfet und rothet!
Das und das isch gscheh, sie hen's nit an is verdienet.
Hemmer 's Wasser g'chert, und hemmer de Hirze ghütet
z'nacht um Eis, und früeih vor Tag, mer chönne nit chlage,
kunteri sie hennis ghulfe, gell aber Jobbi!
Aber chömmemer wieder, se werde sie anderster rede.«
's Vreneli lost und lost, es macht bidenklichi Mine;
's Vreneli bindet d'Chapppen, und schüttlet 's Mayländer Halstuch,
's Vreneli chnüpft am Fürtuch-Bendel – »Seppli, spann 's Roß a,
und e Welle Strau, hesch ghört, und loß mer der Meister
nüt eninne werden, und gang ein d'Farnauer Stroß uf,
lueg, öb alles sicher isch, und niene ke Volch stoht!«

Sieder chömme d'Bube mit leere Säcke zum Friedli.
Tausig Sapermost, wie sin em d'Flammen ins Gsicht cho!
Wo ner sie frogt: »Was hender?« und wo sie 'm dütliche Bricht gen:

»Nüt, und wüssetder was? Göhnt ihr enandermol selber!
's isch im Uhli z'heiß, der sollet cho, go nem blose!« –
»'s isch e Wort, i gang«, seit iez der Hauptma und funklet,
's soll en nit lang brenne, 's isch chüel im Farnauer Chilchhof!
Uhli du hesch 's lezt im Räf, sel chani der sage!«
Seits, und pfift in Wald, und gschwinder as me ne Hand chert,
pfifts vo Wald zu Wald an allen Enden und Orte,
und es lauft derher vo allen Orten und Ende.
»Allo frisch, bergab! Der Egerten-Uhli het gmezget,
's goht in eim iez hi, mir meztge hinecht der Uhli!
's duuret mi freili si Frau, 's wird uding ab is verschrecke«.
Jez chunnts schwarz bergab, wohl über Studen und Hecke,
nebe Reibbech aben ins Tanners Wald, und vo dörtweg.
rechts und links ins Farnauer Holz, was gischmer, was hesch mer!
D'Wälder fahre mit Schlitte voll Spöh' der Wiese no abe,
sehns und huure nieder am Steine-Brückli und bette:
»Alli gute Geister!« und »Heiligi Mutter Gottis!«
Aber wo der Hauptme by Farnau usen an Wald chunnt,
düsslet er: »Bube z'ruck! I hör e Wägeli fahre;
's chönnt d'Faktorene sy, sie isch die Nemtig go Basel,
und der müent sie nit verschrecke, lönt mi ellei goh!«
Seits, und wiener chunnt, wütschts übers Wägeli abe,
und goht uffen dar, und luegt em fründlig in d' Auge.
»Friedli, bischs!« – »I mein's emol!« – »Se bis mer Gottwilche
unterm freie Himmel und unter de liebe Sterne!
Gell i darf di duze? Was wirsch doch nummen au denkt ha
ob mim trutzige Ma und sine trutzige Rede.
Lueg i cha nit derfür, wo's z'spot isch, seit mers der Sepli
dussen am Wasserstei. Es wär sust anderster gange.
O, de glaubsch nit, wieni gstroft bi. Besseri Zite
hani g'lebt ins Vaters Hus. Jez sin sie vorüber.
Chumm, do bringi der näumis, e Säckli voll dürri Chriesi,
schöni Gumpist-Oepfel, und au e bizzeli Geiß-Chäs,
do ne Säckli Haber-Mehl und do ne par Würstli,
und e Logel voll Wi, gib achtig, aß es nit gäutschet,
's isch kei Bunte druf, und au ne Rölleli Tuback.
Chumm e wenig absits, bis do die Wälder vorbey sin,
und bisch ordli, hesch g'hört, un nimm di Gwissen in Obacht.«
Aber der Friedli schwört: »By Gott, der Uhli muß sterbe!
's isch nit Gnad!« Doch 's Vreneli seit: »Jez los mer e Wörtli:

Gschwore hesch, und io, wenns Zit isch, sterbe mer alli,
und der Uhli au, doch los du lebe, was Gott will,
und denk an di selber und an di chünftige Zite.
So blibsch nit wie de bisch, und so ne Lebe verleidet.
Bisch nit im Land deheim, und hesch nit Vater und Mutter?
Oebbe möchtsch au heim, den erbsch en ordeli Gütli
in der Langenau, und gfallt der e Meidli, de hättschs gern,
ischs bym Aetti nit Nei, de chasch no Stabhalter werde.
Nimm, wie müeßts der werden, an so ne Missethat z'denke,
und mi 's Here Stab mit blutige Hände z'regiere!
Halts im Uhli z'gut! Si Grobheit nimm für en Ehr uf,
's isch zwor keine gsi, doch denk au, aß er mi Ma isch!
Schlachts nit z'Schopfen Oelfi! 's isch Zit, se sag mer, witt folge?«
Aber der Friederli stoht, er stoht in schwere Gidanke,
und het d'Auge voll Wasser, und möcht gern schwetzen, und cha nit.
Endli bricht em's Herz. »Nu io denn, wenn d'mer e Schmutz gisch!«
»Bhütdi Gott der Her, und io i will mi bikehre.
Bube, iez packet uf, mer wen im Friede verlieb neh!
Göhnt e Par uf d'Möhr und schießet näumen e Hirzli;«
Seits, und goht in Wald, und lueget an Himmel und brieget,
bis si d'Sternen ins Morge-Licht tunken, und drinn verlösche.
Endli goht er au, doch luege mengmol enander
d'Mannen a, und sage: »Was fehlt doch echterst im Hauptma?«

Aber 's Statthalters Tochter lit iez bym Uhli und stoßt en:
»Schnarchle mer doch nit so! Me cha io nit nebe der schlofe!«
Und der Uhli zukt und strekt si: »Vreni wie isch mer?« –
»He, wie wird's der sy?« – »I ha ne blutige Traum gha.
Vreni 's goht nit gut, i ha mi selber seh metzge.
Hen sie mi nit verstochen, und in der Büttene brüeihet,
mittem Messer gschabt? De glaubsch nit, wie's mer so weh thut!«
Aber 's Vreneli seit: »He 's macht nüt. Chunnt der nit mengmol
öbbis für? Jez isch es d'Sau, drum hesch di seh metzge.«
Aber 's Uhli's Schlof isch us, und schweri Gidanke
chämpfe bis an Tag mit sine zerrüttete Sinne,
bis er 's Caffi trinkt, bis 's Vreneli Suppen ischnidet,
bis en alte Ma verzagt zur Stube-Thür i'tritt:
»Chümmi, Reckholder-Beri! Will niemi nüt chrome do inne?«
»Nei der löset nüt!« – »Drum ischs mer au nit ums Löse!
Chönnti Meister Uhli mit euch e wengeli rede?

Isch das eui Frau, se mag sie 's hören, es schadt nüt.
Nechte fahri selb feuft, mit Waar der Wiese no abe,
ich, mi Rößli, mi Bueb, und 's Richertli's Rößli und Matthis.
Womer an Farnau chömme, se stohts voll Mannen und Buebe
links im Wald, und an der Stroß e luf[s]tige Kerli.
's stoht e Wibsbild bynem, es mag e sufere gsi sy,
wenni's unter Hundert sieh, se willi 's erchenne;
het der Mond nit gschienen, und hani d'Auge nit bymer?
So viel hani ghört: 's isch gflucht, der Uhli muß sterbe!
Woni nebe abe gang, se seit ers zum Wibs-Bild.
Witers weiß i nüt, und witers chani nüt sage;
Warten isch nit gut, me lost, und wandlet si's Wegs furt.
Bhütich Gott, i gang, und thünt iez selber, was gut isch.« –
Wie het 's Vreneli glost! Doch bhaltet's verständigi Bsinnig.
»Hesch en denn nit gmerkt, es isch em nummen um Brenz gsi?«
Aber 's Uhlis G'hör isch weg, er lit in der Ohnmacht,
d'Auge stöhn verchehrt, me sieht fast nüt meh vom Schwarze,
d'Zungen isch em glähmt, sie luegt vor usen und chölschblau
isch er bis an Hals. Me holt der Meister vo Hage,
holt vo Zell der Doktor-Friedli, 's isch em nit z'helfe.
Friedeli du hesch d'Wohret gseit, der Uhli muß sterbe.
Vormittag ischs so, und Nomittag ischs anderst.
Schwetze lehrt er nümmen, und siechet ebe so ane,
bis am Zistig druf, se singts haupthöchlige: »Mitten
wir im Leben sind« – d'Stroß uf zum Farnauer Chilch-Hof.
Furt treit hen si'en, sel isch gwiß, doch heißt es, en Andre
heig en gholt, und 's gang zu Ziten e blutigen Eber.
Göhntder z'Nacht vom Bergwerch heim, und hentder uf d'Site
gladen, und der sehnt en Eber mit blutige Wunde,
göhnt em still usweg. Es isch der Egerten-Uhli.
Sehnt der nüt, sen isch ers nit. Ich ha nen no nie gseh.

Aber wer wird iez mit Zuspruch 's Vreneli tröste?
Groß isch 's Leid iust nit, und siebe Wuche no Pfingste
rüeft me 's wieder us. Mit wem? Der werdet nit froge.
Grüseli het der Vater gmacht, und gschworen; »I lid's nit!
So ne vertlaufene Burst mit miner liibliche Tochter,
mit mi'm Fleisch und Blut? I führ di selber ins Zuchthus.«
Aber was ischs gsi? – Es isch die einzigi Tochter,
und isch Frau für ihns, und mag er rothen und warne,

muß ers ebe lo gscheh, – doch hets em nümmen ins Hus dörft,
hets au nümme bitrette, bis no Micheli si Vater
z'Wil dur d'Wiese ritet, er het e Wage voll Wi gchauft.
Groß isch's Wasser gsi, und finster wo sie derdur sin,
und chunnt usem Weg, und 's tribt en aben und abe
biß er abem Choli fallt und nümmen ans Gstad chunnt.
An der Schore-Bruck dört hen sie 'n mornderigs gfunde.

Aber iez zieht üser Paar im Friede go Schopfe,
und nimmt B'sitz vo Hus und Gut, der Friedli wird Burger,
führt si ordelig uf, er cha gut lesen und schribe, –
Helfis Gott! – und stigt nootno zu Würden und Ehre.
Wer wird Chilche-Lueger, und wer wird Weibel und wer stoht
bald am Rothhus-Fenster und lächlet güetig, wenn öbbe
mittem Hut in der Hand e Langenauer verbey goht?
Isch's nit mi Herr Frider mit siner lockige Stirne? –
Nei wie machts, und nei, wie schüttets, loset doch numme,
fangt's nit vornen a? – Z'lezt sage d' Burger: »Der Hügli
cha io nit Gschriebes lese, wie chaner denn Statthalter blibe?
's wär für Ihn Her Frider, und Er muß d' Burger regiere.
Er isch e brave Ma, in alle Stücke biwandert,
und si Frau, Statthalters Blut, mit Tuged bihaftet,
isch die guti Stund, und gscheit, no gscheiter, aß Er schier.
Sager nit lang Nei, 's nuzt nüt, mer lön is nit b'richte.« –
»Nu, se sagi Jo, 's regiere chunnt mi nit suur a.«
Dreimol chlöpft der Hurlibaus – nei loset wies schüttet,
lueget wies dur d'Chlimse blizt! – Im Pflug und im Engel
hen sie tanzt bis tief in d'Nacht, und gessen und trunke.
Wohr ischs, e brävere Ma hätt d'Stadt nit chönnen erchise,
und im Vreneli gunni 's au. In d'Schopfemer Chilche
het er en Orgle gschaft, vor sine Ziten isch nüt gsi,
(z' Huse stoht sie no) d'Marodi het er vertriebe,
und uf d'Burger Obsicht treit, und g'rothen und g'warnet.
Aber si Frau und er, sie hen in Frieden und Liebi
mit enander glebt, und Guts an Armen erwiese,
io, und 's isch em e Muetter zu siebe Chindere worde,
Helfis Gott! – und 's stammt von ihnen im Schopfemer Chilch-
   spiel
mengi Famili her, und blüeiht in Richthum und Ehre.
Helfis Gott, und bhütis Gott! Ins Here Gotts-Name!

das het gchlöpft, und das het gmacht, 's isch weger e Schlag gsi!
Menge Famili, se sagi – die wenigste wüsse's meh selber.
Wer sie sin, und wie sie heisse, das willi iez sage.
Zwor isch 's Chrügli leer – nei loset was git's uf der Gaß duß?
Vetter Hans Jerg, 's stürmt! Fürio! 's lauft alles Drau zu.

Der Schreinergesell.

Mi Hamberch hätti g'lert, so so, la la;
doch stoht mer 's Trinke gar viel besser a,
as 's Schaffe, sel bikenni frey und frank;
der Rucke bricht mer schier am Hobelbank.

Drum het mer d'Mutter mengmol profezeit:
»Du chunnsch ke Meister über wit und breit[!]«
Z'lezt hani 's selber glaubt, und denkt: Ischs so,
wie wirds mer echterst in der Fremdi go?

Wie ischs mer gange? Numme z'gut: I ha
in wenig Wuche siebe Meister gha.
O Müetterli, wie falsch hesch profezeit?
I chömm kei Meister über, hesch mer gseit.

Hans und Verene.

Es gfallt mer nummen eini
und selli gfallt mer gwis!
O wenni doch das Meidli hätt
es isch so flink und dundersnett, so dundersnett,
i wär im Paradies!

's isch wohr, das Meidli gfallt mer,
und 's Meidli hätti gern!
's het alliwil e frohe Mueth,
e Gsichtli hets, wie Milch und Bluet, wie Milch und Bluet,
und Auge wie ne Stern.

Und wenni 's sieh vo witem,
se stigt mer's Bluet ins Gsicht;
es wird mer übers Herz so chnapp,
und 's Wasser lauft mer d'Backen ab, wohl d'Backen ab;
weiß nit, wie mer gschicht.

Am Zistig früeih bym Brunne,
se redt 's mi frey no a:
»Chumm, lüpf mer Hans! Was fehlt der echt:
Es isch der näume gar nicht recht, nei gar nit recht!«
I denk mi Lebtig dra.

I ha 's em solle sage,
und hätti 's numme gseit!
Und wenni numme richer wär,
und wär mer nit mi Herz so schwer, mi Herz so schwer,
's gäb wieder Glegeheit.

Und uf und furt, iez gangi,
's würd iäten im Salat,
und sag em's wenni näume cha,
und luegt es mi nit fründli a, nit fründli a,
se bini morn Sa[o]ldat.

Ein arme Kerli bini,
arm bini sell isch wohr.
Doch hani no nüt Unrechts tho,
und sufer gwachse wäri io, das wäri scho,
mit sellem hätts ke G'fohr.

Was wisplet in de Hürste,
was rüehrt sie echterst dört?
Es visperlet, es ruuscht im Laub
O bhüetis Gott der Her, i glaub, i glaub, i glaub,
es het mi näumer ghört.

»Do bini io, do hesch mi,
und wenn de mi denn witt!
I ha's scho sieder'm Spöthlig gmerkt;
am Zistig hesch mi völlig bstärkt, io, völlig bstärkt.
Und worum seischs denn nit?

Und bisch nit rich an Gülte,
und bisch nit rich an Gold,
en ehrli Gmüeth isch über Geld,
und schaffe chasch in Hus und Feld, in Hus und Feld,
und lueg, i bi der hold!«

O Vreneli, was seisch mer,
o Vreneli isch so?
De hesch mi usem Fegfüür gholt,
und länger hätti 's nümme tolt, nei, nümme tolt.
Jo, friili willi, io!

Der Winter.

Isch echt do obe Bauwele feil?
Sie schütten eim e redli Theil
in d'Gärten aben und ufs Hus;
es schneit doch au, es isch e Gruus;
und 's hangt no menge Wage voll
am Himmel obe, merki wol.

Und wo ne Ma vo witem lauft,
so het er vo der Bauwele gchauft;
er treit sie uf der Achsle no,
und uffem Hut, und lauft dervo.
Was laufsch denn so, du närsche Ma?
De wirsch sie doch nit gstole ha?

Und Gärten ab, und Gärten uf,
hen alli Scheie Chäpli uf.
Sie stöhn wie großi Here do;
sie meine 's heigs sust niemes so.
Der Nußbaum het doch au sie Sach,
und 's Here Hus und 's Chilche-Dach.

Und wo me luegt, isch Schnee und Schnee,
me sieht ke Stroß und Fueß-Weg meh.
Meng Some-Chörnli, chlei und zart.
lit unte[r]m Bode wohl verwahrt,
und schnei's so lang es schneie mag,
es wartet uf si Ostertag.

Meng Summer-Vögeli schöner Art
lit unterm Bode wohl verwahrt;
es het kei Chummer und kei Chlag,
und wartet uf si Ostertag;
und gangs au lang, er chunnt emol,
und sieder schlofts, und 's isch em wohl.

Doch wenn im Frühlig 's Schwälmli singt,
und d'Sunne-Wärmi abe dringt,
Potz tausig, wacht's in jedem Grab,
und streift si Todte-Hemdli ab.
Wo nummen au ne Löchli isch,
schlieft 's Leben use jung und frisch. –

Do fliegt e hungerig Spätzli her!
e Brösli Brod wär si Begehr.
Es luegt ein so erbärmli a;
's het sieder nechte nüt meh gha.
Gell Bürstli, sel isch anderi Zit,
wenn 's Chorn in alle Fure lit?

Do hesch! Loß andern au dervo!
Bisch hungerig, chasch wieder cho! –
s muß wohr sy, wie 's e Sprüchli git:
»Sie seihe nit, und ernde nit;
sie hen kei Pflug, und hen kei Joch,
und Gott im Himmel nährt sie doch.«

Das Habermuß.

's Haber-Mueß wär ferig, se chömmet ihr Chinder und esset!
Betet: Aller Augen – und gent mer ordeli Achtig,
aß nit eim am rueßige Tüpfi 's Ermeli schwarz wird.

Esset denn, und segnichs Gott, und wachset und trüeihet!
D' Haber-Chörnli het der Aetti zwische de Fuhre
gseiht mit flißiger Hand und abeg'eget im Früeih-Johr.
Aß es g'wachsen isch und zitig worde, für sel cha
euen Aetti nüt, sel thut der Vater im Himmel.
Denket numme Chinder, es schloft im mehlige Chörnli
chlei und zart e Chiimli, das Chiimli thutich ke Schnüfli,
nei, es schloft, und seit kei Wort, und ißt nit, und trinkt nit,
biß es in de Fuhre lit, im luckere Bode.
Aber in de Fuhren und in der füechtige Wärmi
wacht es heimli uf us sim verschwiegene Schlöfli,
streckt die zarte Gliedli, und suget am saftige Chörnli,
wie ne Mutter-Chind, 's isch alles, aß es nit briegget.
Siderie wirds größer, und heimli schöner und stärcher,
und schlieft us de Windlen, es streckt e Würzeli abe,
tiefer aben in Grund, und sucht si Nahrig und find't sie.
Jo und 's stichts der Wundervitz, 's möcht nummen au wisse,
wie's denn witer oben isch. Gar heimlig und furchtsem
güggelet's zum Boden us – Potz tausig, wie gfallts em!
Uise lieber Hergot, er schickt en Engeli abe.
»Bringem e Tröpfli Thau, und sag em fründli Gottwilche!«
Und es trinkt, und 's schmecktem wohl, und 's streckt si gar sölli.
Sieder strehlt si d'Sunnen, und wenn sie gwäschen und gstrehlt
   isch,
chunnt sie mit der Strickete füre hinter de Berge,
wandlet ihre Weg hoch an der himmlische Land-Stroß,
strikt und lueget aben, aß wie ne fründligi Muetter
no de Chindlene luegt. Sie lächlet gegenem Chiimli,
und es thutem wohl, bis tief ins Würzeli abe,
»So ne tolli Frau, und doch so güetig und fründli!«
Aber was sie strickt? He, Gwülch us himmlische Düfte!
's tröpflet scho, ne Sprützerli chunnt, druf regnets gar sölli.
's Chiimli trinkt bis gnug; druf weiht e Lüftli und trochnet's,

und es seit: »Jez gangi nümmen untere Bode,
um ke Pris! Do blibi, geb, was no us mer will werde!«

Esset Chindli, gsegn' es Gott, und wachset und trüeihet!
's wartet herbi Zit ufs Chiimli. Wulken an Wulke
stöhn am Himmel Tag und Nacht, und d'Sunne verbirgt si.
Uf de Berge schneit's, und witer nide hurniglet's.
Schocheli schoch, wie schnatteret iez, und briegget mi Chiimli!
und der Boden isch zu, und 's het gar chündigt Nahrig.
»Isch denn d'Sunne gstorbe, seit es, aß sie nit cho will!
oder förcht sie au, es frier' sie? Wäri doch bliebe,
woni gsi bi, still und chlei im mehlige Chörnli,
und deheim im Boden und in der füechtige Wärmi.«
Lueget Chinder, so gohts! Der werdet au no so sage,
wenn der use chömmet, und unter fremde Lüte
schaffe müent und reblen, und Brod und Plunder verdiene:
»Wäri doch deheim by'm Müetterli, hinterem Ofe!«
Tröstlich Gott! 's nimmt au en End, und öbbe wirds besser,
wie's im Chiimli gangen isch. Am heitere May-Tag
weihts so lau, und d'Sunne stigt so chräftig vom Berg uf,
und sie luegt, was 's Chiimli macht, und git em e Schmützli,
und iez isch em wohl, und 's weiß nit z'blibe vor Freude.

Nootno prange d'Matte mit Gras und farbige Blume;
nootno duftet 's Chriesi-Bluest, und grünet der Pflum-Baum;
nootno wird der Rogge buschig, Weizen und Gerste,
und mi Häberli seit: »Do blibi io nit dehinte!«
Nei se spreitet d'Blättli us, wer het em sie gwobe?
und iez schießt der Halm – wer tribt in Röhren an Röhre
's Wasser us de Wurzle bis in die saftige Spitze?
Endli schlieft en Aehri us, und schwankt in de Lüfte –
Sagmer au ne Mensch, wer het an sideni Fäde
do ne Chnöspli ghenkt und dört mi[t] chünstlige Hände?
d'Engeli, wer denn sust? Sie wandle zwische de Fuhren
uf und ab, vo Halm zu Halm, und schaffe gar sölli.
Jez hangt Bluest an Bluest am zarte schwankigen Aehri,
und mi Haber stoht, as wie ne Brüütli im Chilch-Stuhl.
Jez sin zarti Chörnli drin, und wachsen im Stille,
und mi Haber merkt afange, was es will werde.
D'Chäferli chömme und d'Fliege, sie chömme z'Stubete zu'nem,

luege, was er macht, und singen: Eye Popeye!
Und 's Schi'-Würmli chunnt, Potz tausig mittem Laternli,
z'Nacht um Nüni z'Licht, wenn d'Fliegen und d'Chäferli schlofe.

Esset Chinder, segn' es Gott, und wachset und trüeihet!
Sieder het me gheuet, und Chriesi gunne no Pfingste;
sieder het me Pflümli gunne hinterem Garte;
sieder hen sie Rocke gschnitte, Weizen und Gerste,
und die arme Chinder hen barfis zwische de Stupfle
gfalleni Aehri glesen, und 's Müüsli hetene ghulfe.
Druf het au der Haber bleicht. Voll mehligi Chörner
het er gschwankt und gseit: »Jez ischs mer afange verleidet,
und i merk, mi Zit isch us, was thueni ellei do,
zwische de Stupfel-N[R]üben, und zwische de Grumbire-Stude?«
Druf isch d'Muetter usen und 's Efersinli und 's Plunni,
's het ein scho an d'Finger gfrore z'morgen und z'obe.
Endli hemmer en brocht und in der staubige Schüre
hei sie'n dröscht vo früeih um zwei bis z'oben um Vieri.
Druf isch's Müllers Esel cho, und hetten in d' Mühli
gholt, und wieder brocht, in chleini Chörnli vermahle;
und mit feister Milch vom junge fleckige Chüeihli
hetten 's Müetterli g'chocht im Tüpfi – Geltet, 's isch gut gsi?
Wüschet d'Löffel ab, und bett eis! Danket dem Heren –
und iez göhnt in d'Schul, dört hangt der Oser am Simse!
Fall mer keis, gent achtig, und lehret, was menich ufgit!
Wenn der wieder chömmet, se chömmetder Zibbertli über.

Wächterruf.

Loset, was i euch will sage!
D'Glocke het Zehni gschlage.
Jez betet, und jez göhnt ins Bett,
und wer e rüehig G'wisse het,
schlof sanft und wohl! Im Himmel wacht
e heiter Aug die ganzi Nacht.

Loset, was i euch will sage!
D'Glocke het Oelfi gschlage.
Und wer no an der Arbet schwitzt,
und wer no by de Charte sizt,
dem bieti iez zum leztemol, –
's isch hochi Zit – und schlofet wohl!

Loset, was i euch will sage!
D'Glocke het Zwölfi gschlage.
Und wo no in der Mitternacht
e Gmüeth in Schmerz und Chummer wacht,
se geb der Gott e rüeihige Stund,
und mach di wieder froh und gsund!

Loset, was i euch will sage?
D'Glocke het Eis gschlage.
Und wo mit Satans G'heiß und Noth,
e Dieb uf dunkle Pfade goht,
– i wills nit hoffen, aber gschiehts –
gang heim! Der himmlisch Richter sieht's.

Loset, was i euch will sage!
D'Glocke het Zwey gschlage.
Und wem scho wieder, eb's no tagt,
die schweri Sorg am Herze nagt,
du arme Tropf, di Schlof isch hi'!
Gott sorgt! Es wär nit nöthig gsi.

Loset, was i euch will sage,
D'Glocke het Drü gschlage.
Die Morgestund am Himmel schwebt,
und wer im Friede der Tag erlebt,
dank Gott, und faß e frohe Mueth,
und gang ans G'schäft, und – halt di guet!

Der Bettler.

En alte Ma, en arme Ma,
er sprichtich um e Wohlthat a.
[»]e Stückli Brod ab euem Tisch,
wenns eue gute Willen isch!
He io, dur Gotts Wille!

In Sturm und Wetter arm und blos,
gibore bini uf der Stroß,
und uf der Stroß in Sturm und Wind
erzogen, arm, e Bettelchind.
Druf woni chräftig worde bi,
und d Eltere sin gstorbe gsi,
se hani denkt: Soldate-Tod
isch besser, weder Bettelbrod.
I ha in schwarzer Wetternacht
vor Laudons Zelt und Fahne gwacht,
i bi bym Paschal Paoli
in Corsika Draguner gsi,
und gfochte hani, wie ne Ma,
und Bluet an Gurt und Sebel gha.
I bin vor menger Batterie
i bi in zwanzig Schlachte gsi,
und ha mit Treu und Tapferkeit
dur Schwerdt und Chugle 's Lebe treit.
Z'lezt hen sie mi mit lahmem Arm
ins Elend gschickt. Das Gott erbarm!
He io, dur Gotts Wille![«]

[»]Chum arme Ma!
I gunn der's, wienis selber ha.
Und helf der Gott us diner Noth,
und tröst' di, bis es besser goht.[«]

[»]Vergelts der Her, und dankder Gott
du zarten Engel wiiß und roth,
und geb der Gott e brave Ma! –
Was luegst mi so biwegli a?

Hesch öbben au e Schatz im Zelt,
mit Schwerdt und Roß im wite Feld?
Biwahr di Gott vor Weh und Leid,
und geb dim Schatz e sicher Gleit,
und bring der bald e gsunde Ma!
's goht ziemli scharf vor Mantua.
's cha sy, i chönnt der Meldig ge. –
Was luegsch mi a, und wirsch wie Schnee?
Denkwol i henk mi Bettelgwand
mi falsche graue Bart an d'Wand? –
Jez bschau mi recht,und chennsch mi no?
Geb Gott, i seig Gottwilche do![«]

[»]Her Jesis, der Friedli, mi Friedli isch do!
Gottwilche, Gottwilche, wohl chenni di no!
Wohl het mi bigleitet di liebligi Gstalt,
uf duftige Matten, im schattige Wald.
Wohl het di bigleitet mi b'chümmeret Herz
dur Schwerdter und Chugle mit Hofnig und Schmerz,
und briegget und betet. Gott het mer willfahrt,
und het mer mi Friedli und het mer en gspart.
Wie chlopfts mer im Buse, wie bini so froh!
O Muetter, chumm weidli, mi Friedli isch do![«]

Der Storch.

Nach dem Frieden.

Willkumm Herr Storch! bisch au scho do,
und schmecksch im Weiher d'Frösche scho?
Und meinsch der Winter heig si Sach,
und 's besser Wetter chömm alsgmach?

He io, der Schnee gieng überal;
me meint, es werd scho grün im Thal.
Der Himmel isch so rein und blau,
und 's weiht ein a so mild und lau. –

Nei loset, wiener welsche cha!
Verstoht men au ne Wörtli dra?
Drum chunnt er über Strom und Meer
us wite fremde Ländere her.

Was bringsch denn Neu's us Afrika?
Sie hen gewis au so Umständ gha,
und d'Büchse gspannt, und d'Säbel g'wezt,
und Freiheits-Bäum vor d'Chilche gsetzt?

De hesch so rothi Strümpfli a.
Isch öbbe Blut vom Schlachtfeld dra?
Wo hesch die schwarze Fegge g'no?
Bisch öbbe z'nooch an d'Flamme cho?

Um das hättsch über Land und Meer
nit reise dörfe hi und her
vom Rhi'-Strom bis in Afrika.
De hättschs io in der Nööchi gha.

Mer müsse leider au dervo,
und mengi Wunde blutet no,
und 's drukt no menge Chummer schwer,
und menge schöne Trog isch leer.

Und witer an den Alpe hi,
ischs, Gott erbarms, no ärger gsi,
und Weh und Ach het usem Wald
und us de Berge wiederhallt.

Ans Wilhelm Telle Freiheits-Hut
hangt menge Tropfe Schwitzerblut.
Wie hets nit ummen blitzt und g'chracht,
und dunderet in der Wetter-Nacht!

Doch öbben in der Wetter-Nacht
het Gottis Engel au no g'wacht.
»Jo frili«, seit er, »Chlip und Chlap!«
und schwenkt der Schnabel uf und ab.

Gang Muetter, und heiß 's Büebli cho!
Lueg Chind, di Storch isch wieder do!

Sag: Grüß di Gott! Was bringsch mer n[m]it?
I glaub, bym Bluest er chennt di nit.

's macht's, weil d'so groß und sufer bisch,
und s' Löckli chrüser worden isch.
Fern hesch no so ne Jüppli gha,
iez hesch scho gstreifti Hösli a.

Er pepperet no alliwil,
und 's schint, er wiß no sölli viel.
Es goht em au, wie mengem Ma,
er het si Gfalle selber dra.

's isch gnug, Her Storch! Me wüsse's scho,
und was de seisch, mer glaube's io!
Es freut di au, aß 's Dorf no stoht,
und alles gsund isch – dank der Gott!

He io, 's mag wieder ziemli go,
und 's Feld-Picket isch nümme do;
wo Lager gsi sin Zelt an Zelt,
goht iez der Pflug im Ackerfeld.

Und der, wo d'Storche heißet cho,
und d'Rabe nährt, isch au no do,
Er schafft den Arme Brod ins Hus,
und heilt die alte Presten us.

Und wo me luegt, und luege cha,
se lächlet ein der Frieden a,
wie Morgelicht, wenn d'Nacht vergoht,
und d'Sunne hinter de Tanne stoht.

Gang lueg e wenig d'Gegnig a!
I glaub, de wirsch e Gfalle ha.
Mi Matten isch der wol bikannt,
am Brunnen abe linker Hand.

Und trifsch am Bach e Fröschli a,
sen ischs der gunnt. Verstick nit dra!
Und, was i bitt, loß d'Imme goh!
Mi Große seit, sie fliege scho.

Sonntagsfrühe.

Der Samstig het zum Sunntig gseit:
»Jez hani alli schlofe gleit;
sie sin vom Schaffe her und hi
gar sölli müed und schlöfrig gsi,
und 's gohtmer schier gar selber so,
i cha fast uf ke Bei me stoh.«

So seit er, und wo's Zwölfi schlacht,
se sinkt er aben in d'Mitternacht.
Der Sunntig seit: »Jez ischs an mir!«
Gar still und heimli bschließt er d'Thür.
Er düselet hinter de Sterne no,
und cha schier gar nit obsi cho.

Doch endli ribt er d'Augen us,
er chunnt der Sunn an Thür und Hus;
sie schloft im stille Chämmerli;
er pöpperlet am Lädemli;
er rüft der Sunne: »d'Zit isch do!«
Sie seit' »I chumm enanderno.« –

Und lisli uf de Zeche goht,
und heiter uf de Berge stoht
der Sunntig, und 's schloft alles no;
es sieht und hört en niemes goh;
er chunnt ins Dorf mit stillem Tritt,
und winkt im Guhl: »Verroth mi nit!«

Und wemmen endli au verwacht,
und gschlofe het die ganzi Nacht,
se stoht er do im Sunne-Schi',
und luegt eim zu de Fenstern i
mit sinen Auge mild und gut,
und mittem Meyen uffem Hut.

Drum meint ers treu, und was i sag,
es freut en wemme schlofe mag,
und meint, es seig no dunkel Nacht,
wenn d'Sunn am heitere Himmel lacht.
Drum isch er au so lisli cho,
drum stoh er au so liebli do.

Wie glitzeret uf Gras und Laub
vom Morgethau der Silberstaub!
Wie weiht e frische Mayeluft,
voll Chriesi-Bluest und Schleche-Duft!
Und d'Immli sammle flink und frisch,
sie wüsse nit, aß 's Sunntig isch.

Wie pranget nit im Garte-Land
der Chriesi-Baum im Maye-Gwand,
Gel-Veieli und Tulipa,
und Sterneblume nebe dra,
und gfüllti Zinkli blau und wiiß,
me meint, me lueg ins Paradies!

Und 's isch so still und heimli do,
men isch so rüeihig und so froh!
Me hört im Dorf kei Hüst und Hott;
e Gute Tag, und Dank der Gott,
und 's git gottlob e schöne Tag,
isch alles, was me höre mag.

Und 's Vögeli seit: »Frili io!
Potz tausig, io, do isch er scho!
Er dringt io in si'm Himmels-Glast
Dur Bluest und Laub in Hurst und Nast!«
Und 's Distelzwigli vorne dra
het 's Sunntig-Röckli au scho a.

Sie lüte weger 's Zeiche scho,
der Pfarrer, scheint's, well zitli cho.
Gang, brechmer eis Aurikli ab,
verwüschet mer der Staub nit drab,
und Chüngeli, leg di weidli a,
de muesch derno me Meje ha!

Auf einem Grabe.

Schlof wohl, schlof wohl im chüle Bett!
De ligsch zwor hert uf Sand und Chies;
doch spürts die müede Rucke nit.
Schlof sanft und wohl!

Und 's Deckbett lit der, dick und schwer
un d'Höchi gschüttlet, uffem Herz.
Doch schlofsch im Friede, 's druckt di nit.
Schlof sanft und wohl!

De schlofsch und hörsch mit Bhütdi Gott,
de hörsch mi sehnli Chlage nit.
Wärs besser, wenn de 's höre chönntsch?
Nei, weger nei!

O 's isch der wohl, es isch der wohl?
Und wenni numme by der wär,
se wär scho alles recht und gut.
Mer tolten is.

De schlofsch und achtisch 's Unrueih nit
im Chilche-Thurn die langi Nacht,
und wenn der Wächter Zwölfi rüeft
im stille Dorf.

Und wenns am schwarze Himmel blizt,
und Gwülch an Gwülch im Donner chracht,
se fahrtde 's Wetter über's Grab,
und weckt di nit.

Und was di früeih im Morgeroth
bis spot in d'Mittnacht bchümmert het,
Gottlob, es ficht di nümmen a
im stille Grab.

Es isch der wohl, o 's isch der wohl!
und alles wos de glitte hesch,
Gott Lob und Dank, im chüele Grund
thuts nümme weh.

Drumm, wenni numme by der wär,
so wär io alles recht und gut.
Jez sitzi do, und weiß kei Trost
mi'm tiefe Schmerz.

Doch öbbe bald, wenns Gottswill isch,
se chunnt mi Samstig z'oben an,
und druf, se grabt der Nochh[b]er Chlaus
mir au ne Bett.

Und wenni lig, und nümme schnuuf,
und wenn sie 's Schloflied gsunge hen,
se schüttle si mer 's Deckbett uf,
und – Bhütdi Gott!

I schlof derno so sanft wie du,
und hör' im Chilch-Thurn 's Unrueih nit
Mer schlofe, bis am Sunntig früeih
der Morge thaut.

Und wenn emol der Sunntig tagt,
und d'Engel singe 's Morgelied,
se stöhn mer mit enander uf,
erquickt und gsund.

Und 's stoht e neue Chilche do,
sie funklet hel im Morgeroth.
Mer göhn, und singen am Altar
Hallelujah!

Der Wächter in der Mitternacht.

»Loset, was i euch will sage!
D'Glocke het Zwölfi gschlage.«

Wie still isch alles! Wie verborgen isch
was Lebe heißt, im Schoß der Mitternacht
uf Stoß und Feld! Es tönt kei Mensche-Tritt;
es fahrt kei Wagen us der Ferni her;
kei Husthür gahret, und kei Othem schnuuft,
und nit emol e Möhnli rüeft im Bach.
's lit alles hinterm Umhang iez und schloft,
und öb mit liichtem Fuß und stillem Tritt
e Geist vorüber wandlet, weißi nit.

Doch was i sag, ruuscht nit der Tiich? Er schießt
im Leerlauf ab am müede Mühli-Rad,
und näume schliicht der Jltis unterm Dach
de Tremle no, und lueg, do obe zieht
vom Chilchthurn her en Uihl im stille Flug
dur d'Mitternacht, und hangt denn nit im Gwülch
die großi Nacht-Laterne dört, der Mond?
Still hangt si dört, und d'Sterne flimmere,
wie wemmen in der dunkle Rege-Nacht,
vom wite Gang ermattet, uf der Stroß
an d'Heimeth chunnt, no keini Dächer sieht
und numme do und dört e fründli Licht.

Wie wirds mer doch uf eimol so kurios?
wie wirds mer doch so weich um Brust und Herz,
As wenni briegge möcht, weiß nit worum?
as wenni 's Heimweh hätt, weiß nit no was.

»Loset, was i euch will sage!
D'Glocke het Zwölfi schlage.
Und ischs so schwarz und finster do,
se schine d'Sternli no so froh,
und us der Heimeth chunnt der Schi'
's muß lieblig in der Heimeth sy!«

Was willi? Willi dure Chilchhof goh
ins Unterdorf? Es isch mer d'Thür seig off,
as wenn die Todten in der Mitternacht
us ihre Gräbere giengen, und im Dorf
e wenig luegten, öb no alles isch
wie almig. 's isch mer doch bis dato ken
bigegnet, aß i weiß. Denkwol i thue's,
und rüef de Todte – nei sel thueni nit!
Still willi uf de stille Gräbere goh!
Sie hen io d'Uhr im Thurn, und weiß i denn,
isch au scho ihre Mitternacht verbey?
's cha sy, es fallt no dunkler alliwil
und schwärzer uf sie abe – d'Nacht isch lang.
's cha sy, es zuckt e Streifli Morgeroth
scho an de Berge uf – i weiß es nit.

Wie ischs so heimli do? Sie schlofe wohl
Gott gunnene's! – e bizli schuderig,
sel läugni nit; doch isch nit alles tod.
I hör io 's Unrueih in der Chilche; 's isch
der Pulz der Zit in ihrem tiefe Schlof,
und d'Mitternacht schnuft vo de Berge her.
Ihr Othem wandlet über d'Matte, spielt
dört mittem Tschäubbeli am grüne Nast,
und pfift dur d'Scheie her am Garte-Hag.
Sie chuuchet füecht an d'Chilche-Mur und chalt;
die lange Fenster schnattere dervo
und 's lopperig Chrütz. Und lueg, do lüftet sie
en offe Grab! – Du guten alte Franz
se hen sie au di Bett scho gmacht im Grund,
und 's Deckbett wartet uf di nebe dra,
und d'Liechtli us der Heimeth schine dri!

He nu, es gohtis alle so. Der Schlof
zwingt jeden uffem Weg, und eb er gar
in d'Heimeth dure chunnt. Doch wer emol
si Bett im Chilchhof het, Gottlob er isch
zum letzte mol do niden übernacht,
und wenn es taget, und mer wachen uf,
und chömmen use, hemmer nümme wit,

e Stündli öbben, oder nitemol. –
Se stolperi denn au no d'Stäpfli ab,
und bi so nüechter bliebe hinechtie.

»Loset, was i euch will sage!
D'Glocke het Zwölfi gschlage.
Und d'Sternli schine no so froh,
und us der Heimet schimmerts so,
und 's isch no umme chleini Zit.
Vom Chilchhof het me nümme wit.«

Wo bini gsi? Wo bini echterst iez?
e Stäpfli uf, e Stäpfli wieder ab,
und witers nüt? Nei weger witers nüt?
Isch nit 's ganz Dörfli in der Mitternacht
e stille Chilchhof? Schloft nit alles do,
wie dört vom lange müede Wachen us,
vo Freud und Leid, und isch in Gottis Hand,
do unterm Strau-Dach, dört im chüele Grund,
und warte, bis es taget um sie her.

He, 's würd io öbbe! Und wie lang und schwarz
au d'Nacht vom hoche Himmel abe hangt,
verschlofen isch der Tag deswegen nie;
und bißi wieder chumm, und no ne mol,
so gen mer d'Gühl scho Antwort, wenni rüef,
se weiht mer scho der Morgeluft ins Gsicht.
Der Tag verwacht im Tanne-Wald, er lüpft
alsgmach der Umhang obsi; 's Morgeliecht
es rieslet still in d'Nacht, und endli wahlt's
in goldne Strömen über Berg und Thal.
Es zuckt und wacht an allen Orte; 's goht
e Lade do und dört e Husthür uf,
und 's Lebe wandlet use frey und froh.

Du liebi Seel, was wirds e Fyrtig sy,
wenn mit der Zit die lezti Nacht versinkt,
wenn alli goldne Sterne groß und chlei,
und wenn der Mond und 's Morgeroth und d'Sunn
in Himmels-Liecht verrinnen, und der Glast

bis in die tiefe Gräber abe dringt,
und d'Muetter rüeft de Chindlene: »:s isch Tag.«
und alles usem Schlof verwacht, und do
ne Laden ufgoht, dört e schweri Thür!
Die Todte luegen use iung und schön.
's het menge Schade gutet übernacht,
und menge tiefe Schnatte biß ins Herz
isch heil. Sie luegen use gsund und schön,
und tunke 's Gsicht in Himmels-Luft. Sie stärkt
bis tief ins Herz – o wenns doch bald so chäm!

»Loset, was i euch will sage!
D'Glocke het Zwölfi gschlage.
Und d'Liechtli brennen alli no;
der Tag will iemerst no nit cho.
Doch Gott im Himmel lebt und wacht,
er hört wohl, wenn es Vieri schlacht!«

Der zufriedene Landmann.

Denkwol, iez lengi au in Sack
und trink e Pfifli Rauchtuback,
und fahr iez heim mit Eg und Pflug,
der Laubi meint scho lang, 's seig gnug.

Und wenn der Kayser usem Roth
in Feld und Forst ufs Jage goht,
se lengt er denkwol au in Sack,
und trinkt e Pfifli Rauchtuback.

Doch trinkt er wenig Freud und Lust,
es isch em näume gar nit iust.
Die goldne Chrone drucke schwer;
's isch nit, as wenns e Schie-Hut wär.

Wohl goht em menge Batzen i,
doch will au menge gfuttert sy;
und woner lost isch Bitt und Bitt,
und alli tröste chaner nit.

Und wenn er hilft, und sorgt und wacht
vom früeihe Morge bis in d'Nacht,
und meint, iez heiger alles tho,
se het er erst ke Dank dervo.

Und wenn, vom Treffe blutig roth,
der Jenneral im Lager stoht,
se lengt er endli au in Sack,
und trinkt e Pfifli Rauchtuback.

Doch schmeckts em nit im wilde Gwühl
by'm Ach und Weh und Saitespiel;
er het thurnieret um und um,
und niemes will en lobe drum.

Und Fürio und Mordio
und schweri Wetter ziehnem no;
do lit der Gra[e]ne[a]dier im Blut,
und dört e Dorf in Rauch und Glut.

Und wenn in d'Meß mit Gut und Geld
der Chaufher reist im wite Feld,
se lengt er eben au in Sack,
und holt si Pfifli Rauchtuback.

Doch schmeckts der nit, du arme Ma!
Me sieht der dini Sorgen a,
und's Ei mol eis, es isch e Gruus,
es luegt der zu den Augen us.

De treisch so schwer, es thut der weh;
Doch hesch nit gnug, und möchtsch no me,
und weisch io nit, wo ane mit;
drum schmeckt der au di Pfifli nit.

Mir schmeckts, Gottlob, und 's isch mer gsund.
Der Weize lit im füechte Grund,
und mittem Thau im Morgeroth,
und mit sim Othem segnets Gott.

Und 's Anne Meili flink und froh,
es wartet mit der Suppe scho,
und d'Chinderli am chleine Tisch,
me weiß nit, welles 's fürnehmst isch.

Drum schmeckt mer au mi Pfifli wohl.
Denkwohl, i füllmers no ne mol!
Zum frohe Sinn, zum freie Muth,
und heimetzu schmeckt alles gut.

Die Vergänglichkeit.

(Gespräch auf der Straße nach Basel
zwischen Steinen und Brombach, in der Nacht.)

Der Bub seit zum Aetti:

Fast allmol, Aetti, wenn mer's Röttler Schloß
so vor den Auge stoht, se denki dra,
öbs üsem Hus echt au e mol so goht.
Stohts denn nit dört, so schuderig, wie der Tod
im Basler Todtetanz? Es gruset eim,
wie länger as me's bschaut. Und üser Hus,
es sitzt io wie ne Chilchli uffem Berg,
und d'Fenster glitzeren, es isch e Staat.
Schwetz Aetti, gohts em echterst au no so?
I mein emol, es chönn schier gar nit sy.

Der Aetti seit:

Du gute Burst, 's cha frili sy, was meinsch?
's chunnt alles jung und neu, und alles schlicht
sim Alter zu, und alles nimmt en End,
und nüt stoht still. Hörsch nit, wie 's Wasser ruuscht,
und siehsch am Himmel obe Stern an Stern?
Me meint, vo alle rühr sie kein, und doch
ruckt alles witers, alles chunnt und goht.

Je, 's isch nit anderst, lueg mi a, wie d' witt.
De bisch no iung; närsch, ich bi au so gsi,
iez würds mer anderst, 's Alter, 's Alter chunnt,
und woni gang, go Gresgen oder Wies,
in Feld und Wald, go Basel oder heim,
's isch einerley, i gang im Chilchhof zu, –
briegg, alder nit! – und biß de bisch wien ich,
e gstandene Ma, se bini nümme do,
und d'Schof und Geiße weide uf mi'm Grab.
Jo wegerli, und 's Hus wird alt und wüst;
der Rege wäscht der's wüster alli Nacht,
und d'Sunne bleicht der's schwärzer alli Tag,
und im Vertäfer popperet der Wurm.

Es regnet no dur d'Bühne ab, es pfift
der Wind dur d'Chlimse. Drüber thuesch du au
no d'Auge zu; es chomme Chindes-Chind,
und pletze dra. Z'lezt fuults im Fundement,
und 's hilft nüt me. Und wemme nootno gar
zweytusig zehlt, isch alles z'semme g'keit.
Und 's Dörfli sinkt no selber in si Grab.
Wo d'Chilche stoht, wo 's Vogts und 's Here Hus,
goht mit der Zit der Pflug –

Der Bub seit:

Nei, was de seisch!

Der Aetti seit:

Je, 's isch nit anderst, lueg mi a, wie d' witt!
Isch Basel nit e schöni tolli Stadt?
's sin Hüser drinn, 's isch mengi Chilche nit
so groß, und Chilche, 's sin in mengem Dorf
nit so viel Hüser. 's isch e Volchspiel, 's wohnt
e Richthum drinn, und menge brave Her,
und menge, woni gchennt ha, lit scho lang,
im Chrütz-Gang hinterm Münster-Platz und schloft.
's isch eithue, Chind, es schlacht e mol e Stund,
goht Basel au ins Grab, und streckt no do
und dört e Glied zum Boden us, e Joch,
en alte Thurn, e Giebel-Wand; es wachst
do Holder druf, do Büechli, Tanne dört,
und Moos und Farn, und Neiger niste drinn –
's isch schad derfür! – und sin bis dörthi d'Lüt
so närsch wie iez, so göhn au Gspenster um,
d'Frau Faste, 's isch mer iez sie fang scho a,
me seits emol, – der Lippi Läppeli,
und was weis ich, wer meh. Was stoßisch mi?

Der Bub seit:

Schwetz lisli Aetti, bis mer über d'Bruck
do sin, und do an Berg und Wald verbey!
Dört obe iagt e wilde Jäger, weisch?

Und lueg, do niden in de Hürste seig
gwiß 's Eyer-Meidli g'lege, halber ful,
's isch Johr und Tag. Hörsch, wie der Laubi schnuft?

Der Aetti seit:

Er het der Pfnüsel. Seig doch nit so närsch,
Hüst Laubi, Merz! und loß die Todte go,
sie thüen der nüt meh! – Je, was hani gseit?
Vo Basel, aß es au e mol verfallt. –
Und goht in langer Zit e Wanders-Ma
ne halbi Stund, e Stund wit dra verbey,
se luegt er dure, lit ke Nebel druf,
und seit si'm Camerad, wo w[m]ittem goht:
»Lueg, dört isch Basel gstande! Selle Thurn
seig d'Peters-Chilche gsi, 's isch schad derfür!«

Der Bub seit:
Nei Aetti, ischs der Ernst, es cha nit sy?

Der Aetti seit:
Je 's isch nit anderst, lueg mi a, wie d' witt,
und mit der Zit verbrennt die ganzi Welt.
Es goht e Wächter us um Mitternacht,
e fremde Ma, me weiß nit, wer er isch,
er funklet, wie ne Stern, und rüeft: »Wacht auf!
Wacht auf, es kommt der Tag!« – Drob röthet si
der Himmel, und es dundert überall,
z'erst heimlig, alsg'mach lut, wie sellemol
wo Anno Sechsenünzgi der Franzos
so uding gschoße het. Der Bode schwankt,
aß d'Chilch-Thürn guge; d'Glocke schlagen a,
und lüte selber Bett-Zit wit und breit,
und alles bettet. Drüber chunnt der Tag;
o, b'hütis Gott, me brucht ke Sunn derzu,
der Himmel stoht im Blitz, und d'Welt im Glast.
Druf gschieht no viel, i ha iez nit der Zit;
und endli zündets a, und brennt und brennt,
wo Boden isch, und niemes löscht. Es glumst
wohl selber ab. Wie meinsch, siehts us derno?

Der Bub seit:

O Aetti, sag mer nüt me! Zwor wie goth[ht]s
de Lüte denn, wenn alles brennt und brennt?

Der Aetti seit:

He, d'Lüt sin nümme do, wenns brennt[,] sie sin –
wo sin sie? Seig du frumm, und halt die wohl,
geb, wo de bisch, und bhalt die Gwisse rein!
Siehsch nit, wie d'Luft mit schöne Sterne prangt!
's isch jede Stern verglichlige ne Dorf,
und witer obe seig e schöni Stadt,
me sieht si nit vo do, und haltsch di gut,
se chunnsch in so ne Stern, und 's isch der wohl,
und findsch der Aetti dört, wenn Gottswill isch,
und 's Chüngi selig, d'Mutter. Oebbe fahrsch
au d'Milchstroß uf in di verborgeni Stadt,
und wenn de sitwärts abe luegsch, was siehsch?
e Röttler Schloß! Der Bleche [= Belche] stoht verchohlt,
der Blauen au, as wie zwee alti Thürn,
und zwische drinn isch alles use brennt,
bis tief in Bode abe. D'Wiese het
ke Wasser meh, 's isch alles öd und schwarz,
und todtestill, si wit me luegt – das siehsch,
und seisch di'm Cammerad, wo mitder goht:
»Lueg, dört isch d'Erde gsi, und selle Berg
het Belche gheiße! Nit gar wit dervo
isch Wisleth gsi, dört hani au scho glebt,
und Stiere g'wettet, Holz go Basel g'führt,
und brochet, Matte g'raust, und Liecht-Spöh g'macht,
und g'vätterlet, biß an mi selig End,
und möcht iez nümme hi.« – Hüst Laubi, Merz!

Der Jenner.

Im Aetti sezt der Oeldampf zu.
Mer chönnt 's Aempeli use thue,
und d'Läden uf. Der Morge-Schi'
blickt scho zum runde Nastloch i. –
O lueget doch, wie chalt und roth
der Jenner uf de Berge stoht.

Er seit: »I bi ne b'liebte Ma,
der Stern am Himmel lacht mi a!
Er glitzeret vor Lust und Freud,
und mueß er furt, sen ischs em Leid,,
er luegt mi a, und cha's nit lo,
und würd byzite wieder cho.

Und unterher in Berg und Thal,
wie flimmerets nit überal!
An allen Ende Schnee und Schnee:
's isch alles mir zu Ehre gescheh,
und woni gang im wite Feld,
sin Stroße bahnt, und Brucke gstellt.«

Er seit: »I bin ne frische Ma,
i ha ne lustig Tschöpli a,
und rothi Backe bis ans Ohr,
e heiter Aug und Duft im Hoor,
ke Wintergfrist, ke Gliederweh,
und woni gang, se chracht der Schnee.«

Er seit: »I bin ne gschickte Ma,
lueg, wieni überzuckere cha!
I chuuch, und an der Hürste hangts,
und an de zarte Birche schwankts.
Der Zuckerbeck mit gschickter Hand,
mit Geld und Gut wärs nit im Stand.

Jez lueg au dini Schiben a,
und wieni Helgli chritzle cha!
Do hesch e Blüemli, wenns der gfallt,
do hesch e ganze Tannewald!

Der Früehlig chönnts nit halber so,
's isch mit der Farb nit alles tho.«

Er seit: »I bin ne starche Ma,
und zwing mi näumer, wenn er cha!
Der Forster gstablet uf der Jacht,
dr Brunntrog springt, der Eichbaum chracht
D'Frau Sunne mittem Gsichtli rund.
het's Herz nit, as sie füre chunnt.«

's isch wohr, me weiß nit, was sie tribt,
und wo sie alli Morge blibt.
Wie länger Nacht, wie spöter Tag,
wie besser, aß sie schlofe mag,
und blieb es bis um Zehni Nacht,
se chäm sie erst, wenns Oelfi schlacht.

Nei het sie's ghört? Dört chunnt sie io!
Me meint, 's brenn alles lichterloh! –
Sie stoht im chalte Morgeluft,
sie schwimmt im rothe Nebelduft.
Zeig, chuuch e wenig d'Schiben a,
's isch, aß me besser luege cha!

Der Nebel woget uf und ab,
und d'Sunne chämpft, sie loßt nit ab.
Jez het sie's gunne. Wit und breit
strahlt ihri Pracht und Herrlichkeit.
O lueg, wie 's über Dächer wahlt,
am Chilche-Fenster, lueg, wies strahlt.

Der Jenner sezt si Arm in d'Huft,
er rukt am Hut, und schnellt in d'Luft.
Der Jenner seit: »I förch di nit.
Chumm, wenn de mit mer baschge witt!
Was gilts, de würsch byzite goh,
und rüehmsch dim Büeble nüt dervo!

Je, 's wär wohl hübsch und liebli so
im warme Stübli gfallts eim scho.

Doch mengi Frau, das Gott erbarm,
sie nimmt ihr nackig Chind in d'Arm,
sie het em nüt um d'Gliedli z'thue,
und wicklet's mittem Fürtuech zu.

Sie het kei Holz, und [het] kei Brod,
sie sizt und chlagts im libe Gott.
Gefriert Stei und Blei, wohl thaut der Schmerz
no Thränen uf im Muetterherz.
Der Jenner isch e ruuche Ma,
er nimmt si nüt um d'Armeth a.

Gang bring der arme Fischer-Lis'
e Säckli Mehl, e Hemdli wiß,
nimm au ne Wellen oder zwo,
und sag, sie soll au zuenis cho,
und Weihe hole, wenni bach,
und decket iez der Tisch alsgmach.

Der Knabe im Erdbeerschlag.

E Büebli lauft, es goht in Wald
am Sunntig Nomittag;
es chunnt in d'Hürst und findet bald
Erdberi Schlag an Schlag;
es günnt und ißt si halber z'tod,
und denkt: »Das isch mi Obedbrod.«

Und wie nes ißt, se ruuschts im Laub;
es chunnt e schöne Chnab.
Er het e Rock, wie Silberstaub,
und treit e goldne Stab.
Er glänzt wie d'Sunn am Schwizer-Schnee,
Si lebelang hets nüt so gseh.

Druf redt der Chnab mi Büebli a:
»Was ißich, i halts mit?« –
»He, nüt«, seit's Büebli, luegt en a,
und lüpft si Chäppli nit.
Druf seit der Chnab: »He ißisch nüt,
Du grobe Burst, se battet's nüt!«

Verschwunden isch mi Chnab, unds stöhn
die nöchste Hürst im Duft;
drus fliegt en Engeli wunderschön
uf in die blaue Luft,
und 's Büebli stoht, und luegt em no,
und chrazt im Hoor, und lauft dervo.

Und sieder isch kei Sege meh
im Beeri-Esse gsi.
I ha mi lebtig nüt so gseh,
sie bschießen ebe nie.
Iß hampflevoll, so viel de witt,
sie stillen eim der Hunger nit!

Was gibi der für Lehre dri?
Was seisch derzu? Me mueß
vor fremde Lüte fründli si
mit Wort und Red und Grueß
und 's Chäppli lüpfe z'rechter Zit
sust het me Schimpf, und chunnt nit wit.

Das Spinnlein.

Nei, lueget doch das Spinnli a,
wie's zarti Fäde zwirne cha!
Bas Gvatter meinsch, chasch's au ne so?
De wirsch mers, traui, blibe lo.
Es machts so subtil und so nett,
i wott nit, aßi 's z'hasple hätt.

Wo het's die fini Riste g'no,
by wellem Meister hechle lo?
Meinsch, wemme 's wüßt, wol mengi Frau,
sie wär so gscheit, und holti au!
Jez lueg mer, wie 's si Füeßli sezt,
und d'Ermel streift, und d'Finger nezt.

Es zieht e lange Faden us,
es spinnt e Bruck ans Nochbers Hus,
es baut e Land-Stroß in der Luft,
morn hangt sie scho voll Morgeduft,
es baut e Fußweg nebe dra,
's isch, aß es ehne dure cha.

Es spinnt und wandlet uf und ab,
Potz tausig, im Gallop und Trap! –
Jez gohts ring um, was hesch, was gisch!
Siehsch, wie ne Ringli worden isch!
Jez schießt es zarte Fäden i.
Wirds öbbe solle gwobe sy?

Es isch verstuunt, es haltet still,
es weiß nit recht, wo 's ane will.
's goht weger z'ruck, i sieh's em a;
's muß näumis rechts vergesse ha.
Zwor denkt es, sel pressirt io nit,
i halt mi nummen uf dermit.

Es spinnt und webt, und het kei Rast,
so gliichlig, me verluegt si fast.
Und 's Pfarers Christoph het no gseit,
's seig jede Fade zeme gleit.
Es mueß ein guti Augi ha,
wers zehlen und erchenne cha.

Jez puzt es sine Händli ab.
es stoht, und haut der Faden ab.
Jez sizt es in si Summer-Hus,
und luegt die lange Stroßen us.
Es seit: »Me baut si halber z'tod,
doch freuts ein au, wenns Hüsli stoht.«

In freie Lüfte wogt und schwankts,
und an der liebe Sunne hangts;
sie schint em frey dur d'Beinli dur,
und 's isch em wohl. In Feld und Flur
sieht 's Mückli tanze jung und feiß;
's denkt by nem selber: »Hätti eis!«

O Thierli, wie hesch mi verzückt!
Wie bisch si chlei, und doch so gschickt!
Wer het di au die Sache glehrt?
Denkwol der, wonis alli nährt,
mit milde Händen alle git.
Bis z'frieden! Er vergißt di nit.

Do chunnt e Fliege, nei wie dumm!
Sie rennt em schier gar 's Hüsli um.
Sie schreit und winslet Weh und Ach!
Du arme Chetzer hesch di Sach!
Hesch keini Auge by der g'ha?
Was göhn di üsi Sachen a?

Lueg, 's Spinnli merkts enanderno,
es zuckt und springt und het si scho.
Es denkt: »I ha viel Arbet g'ha,
iez mußi au ne Brotis ha!«
I sags io, der wo alle git,
wenns Zit isch, er vergißt ein nit.

*Dem aufrichtigen und
wohlerfahrnen Schweizerboten
an seinem Hochzeitstage.*

I ha 's ja g'seit, und 's isch so cho!
Was hani g'seit? 's werd nit lang goh,
se bringt der Bott vom Schwitzerland
es Brütli an der weiche Hand,
es lieblig Brütli mit'm Chranz
zum Chilgang und zum Hochzit-Tanz.

's isch frili wohr, und so ne Ma
es Fraueli das mueß er ha.
Früeih, wenn er mit'm Morgeroth
uf d' Stroß go Brugg und Basel goht,
wer nimmt en z' erst no lieb und warm,
zum B'hütdigott und Chuß, in Arm?

Und wenn er mittem Abedstern
in d' Heimeth chunnt, was hätt er gern?
's sött neumis an der Huus-Thür stoh,
es sött em lieb eggege cho,
und fründli säge: »Grüeß di Gott,
du liebe Ma und Schwizerbott!«

Und säge sött's em: »Liebe Ma,
chumm weidli, leg d' Pantofflen a,
und 's Tschöpli! Uffem Tischtuch stoht
di's Süppli scho vo wißem Brodt.
Chumm liebi Seel, und iß jez z' Nacht!
Und 's Bettli isch de au scho g'macht.«

Das weiß er wohl mi Schwizerbott,
's isch nit, aß wenni 'm 's säge wott.
Drum het er au am lange Rhi
und Canton us und Canton i
meng Meidschi scharf in d' Auge g'no,
öb nit bald wöll die rechti cho.

Und Canton us und Canton i
bald an der Limmeth, bald am Rhi
wol het der brave Meidsch'ne gseh,
wie 's Rösli roth, wiß wie der Schnee,
so tusigschön und gut und froh.
Die rechti het nit welle cho.

's macht nüt. Mi liebe Schwizerbott
het gseit: »I find sie doch, wills Gott!«
I glaub es schier, Herr Bottema!
Längst heit' er 's in der Nöchi gha.
Thüent d' Augen uf! By'm Saferlot,
sie chunnt nit selbst. Verzeih mir's Gott!

Jez het er sie, und isch er froh,
der Landamma ischs gwüs nit so. –
Gib, was de hesch, biet, was du witt,
er tuuschte mit dem Keyser nit.
Er lueget nu' si's Brütli a:
»Jez bisch mi Wib und i di Ma!«

I säg es frey, und säg es lut:
Herr Schwitzerbott mit euer Brutt,
Gott gunntich wol e bravi Frau,
und wie 's euch freut, so freuts üs au,
und geb' ich Gott de alli wil
der liebe neue Freude viel.

Denk, wenn's no einist g'wintert het,
was streckt si da im chline Bett,
und lächlet lieb? Mi Bottema
er luegt si goldig Buebli a.
Er lengt e süße Zuckerring:
»Lueg, was i der vo Arau bring!«

Nu' flink dur's Land Herr Bottema,
mit euer Taschen uf und a',
und bringet, wie mer's g'wohnet sin,
viel schöne B'richt und Lehre drinn.
An Zuckerbrodt und Marzipa'
für d' Chindli solls nit Mangel ha.

Die Feldhüter.

Hinte Wald und Berg bis an die duftige Wulke,
vorne Matte und Chlee, und Saat und goldene Lewat
stoht e Hütte im Feld und in der einsame Mittnacht.
Numme d'Sterne wache, und numme no d'Feldberger Wiese,
n[u]nd der Schuhu im Wald n[u]nd öbbe Geister und Hirze.
Aber im Hüttli sitze, und hüte die buschige Felder
's Meiers muntere Fritz und 's Müllers löckige Heiner.
»Heinerli« seit der Fritz, »der Schlof goht lisli um d'Hütte.
Lueg iez chunnt er is inen, und lueg doch weger, er het di!
Weidli, chum ins Grün! Mer wenn im liebligen Wechsel
miteinander singen. Es weiht e luftige Nachtluft,
g'vätterlet mittem Laub und exerzirt mit de Halme:
Rechts um kehrt euch! Links her stellt euch! Nonemal rechts um!«
Aber 's Müllers Heiner mit siner lockige Stirne
streckt si und stoht uf, und sucht si gläserni Röhre.
»Fritzli stoß mi nit!« Jez stehn sie gegen einander,
der am Chrisi-Baum, der an der duftige Linde,
und probire d'Tön in ihrer Höchi und Tiefe,
setzen ab, und setzen a. »Sing Heinerli du z'erst!«
seit der Fritz, »de hesch doch, traui, näume ne Schätzli.«

Heiner.

Tränki früeih am Brunne, so holt au's Meieli Wasser.
Wäscht es am Obe Salat, se chummi wieder und tränki.
»Guten Obe!« – »Dank der Gott! Mer treffe's doch ordli.« –
»Jo mer treffe's ordli; 's isch hüt e lieblige Tag g'si.«

Fritz.

In der Chilchen im Chor, und wenn der Herr Pfarer e Spruch seit,
luegi mi Vreneli a, öb es au ordeli acht git,
und es lueget mi a, öb ich au ordli acht gib.
Lauft au drüber 's Sprüchli furt, mer chönne's nit hebe.

Heiner.

Schön tönt d'Schopfemer Glocke, wenn früeih der Morgen in
  d'Nacht luegt,
süeß tönt d'Menschestimm wohl in der Schopfemer Orgle:

Schöner tönt es mi a, und süßer goht's mer zu Herze,
wenn mi's Meieli grüßt, und seit: »Mer treffe's doch ordli.«

Fritz.

Weiht der Frühling ins Thal, und rießle die lustige Bächli,
und der Vogel zieht, furt möchti riten, und d'Welt us.
Wenn i by mi'm Vreneli siz im heitere Stübli,
isch das Stübli mi Welt, und Gott verzeih' mer's mi Himmel.

Heiner.

Ziehni der Nüntelstei, gschickt baui Mühlen an Mühle,
»uf und zu, und mir die Chue!« – Wer zeigt mer mi Meister?
Aber isch's Meieli do, und höri si Stimm und si Rädli,
oder es luget mer zu, ne Schulerbüebli chönnts's besser.

Fritz.

Cheigle mer uf em Plaz, sitzt's Vreneli unter der Linde,
fallemer Siebe g'wiß. Doch seits: »zeig trifsch mer der Chünig«,
triffi der Chünig allei. Doch seit's: »Jez gangi«, und 's goht au,
und isch's nümme do, blind lauft mer d'Chugle dur d'Gasse.

Heiner.

Lieblige Ton und Schall, wo hesch di Gang in de Lüfte?
Ziehsch mer öbben ins Dorf, und chunnsch ans Meielis Fenster,
weck mer's lisli uf: »Es loßt di der Heinerli grüße.«
Frogt's mi früeih, so läuegni's. Doch werde mi d'Auge verrothe.

Fritz.

Vreneli schlof frey wohl in dim vertäfelte Stübli
in dim stille Herz, und chummi der öbben im Traum vor,
lueg mi fründli a, und gib mer herzhaft e Schmützli!
Chummi heim, und trif di a, i gib der en anders.

Heiner.

Her Schulmeister, o Mond, mit diner wulkige Stirne,
mit d'im glehrte Gsicht, und mit dim Pflaster am Backe,
folge der dini Chinder, und chönne sie d'Sprüchli und d'Psalme?
Blib mer nit z'lang stoh bi sellem gattige Sternli.

Fritz.

Wülkli der chüeli Nacht, in diner luftige Höchi,
seif mer den Schulmeister i mit diner venedische Seife,
mach em e rechte Schuum! So brav, und allewill besser,
aß er sie nit chüße cha die gattige Sternli.

Heiner.

Run[u]scht scho der Morgen im Laub? Göhn d'Geister heim uffe
   Chilchhof?
Arme Steffi, du bisch tief in der Wiese ertrunke,
und di Chüngeli isch im heimlige Chindbett verschieden.
Aber iez chömmeter z'semen all Nacht am luftige Chrütz-Weg.

Fritz.

Füürige Manne im Ried, und am verschobene Marchstei,
machetich numme lustig! Me weiß scho werich zum Tanz spielt.
Chöm mer kein in d'Nöchi mit siner brennige Stange!
Daß di dieser und jener, du sappermentische Rothchopf! –

»Friederli«, seit der Heiner, »gern ißi Eyere-Anke,
Ziebele-Weihe so gern. Doch chönnti alles vergesse,
höri di lieblige Stimm und dini chünstlige Wise.
Chömme mer heim ins Dorf, o wüßti was der e Freud wär!
Gell de nimsch mers ab, vier neui weltliche Lieder
von des Sultans Töchterlein, der Schreiber im Korbe,
's dritt vom Dokter Faust, und 's viert vom Lämlein im Grünen.
's isch nit lang, i ha sie neu am Chanderer Märt g'chauft.«
»Heinerli«, seit der Fritz, »i schenk dir e sufere Helge.
d'Mutter Gottis luegt im goldene Helgen in Himmel.
»Jesis Mareie«, seit sie, »wie isch's do oben so heitet«,
und ihr G'sicht wird sunnehell und lächlet so liebli,
aß me möcht katholisch werde, wemme sie aluegt.
Brings d'im Meili, weisch was, 's het au so fründligi Augen,
und bis nit so schüüch, und sage'm wie's der um's Herz isch.[«]

Des neuen Jahres Morgengruß.

Der Morge will und will nit cho,
und woni los, schloft alles no;
i weck si nit, so lang i cha,
i lueg e wengeli d'Gegnig a.
Zeig Wülkli, mach iez keini Streich!
Der Mond schint ohni das so bleich.

Kei Blümli roth, kei Blümli wiiß!
An alle Bäume nüt als Ris!
Um alli Brunntrög Strau und Strau,
vor Chellerthür und Stallthür au.
Mi Vetter hets drum sölli g'macht,
und lauft iez furt in dunkler Nacht.

Das Ding das muß mer anderst cho!
Ich bi der Ma, unds blibt nit so.
Die Gärte müen mer g'süfert si,
Aurikeli und Zinkli dri,
und neui Blüthen alli Tag
was Hurst und Nast vertrage mag.

Es rüehrt si nüt. Sie schlofe no. –
Nei lueg, es sizt e Spätzli do,
du arme Tropf bisch übel dra,
was gilts er het e Wibli g'ha,
und druf isch Noth und Mangel cho,
sie hen sie müße scheide lo.*

Jez het er e bitrübti Sach,
kei Frau, kei Brod, kei Dach und Fach,
und stoht er uf, so spoth er mag,
se seit em niemes gute Tag;
und niemes schnidt em d'Suppen i.
Wart Bürstli, dir muß g'hulfe si.

---

* Nach Versicherung der Naturforscher zieht das Weibchen des
gemeinen Finken, besonders aus den nördlichen Gegenden,
gleich andern Zuvögeln in ein milderes Klima, und nur die
Männchen bleiben zurück. Daher die naturhistorische Benen-
nung Fringilla caelebs.

Es rührt si nüt. Sie schlofe no. –
Ne gattig Chilchli hen si do,
so sufer wie in menger Stadt.
's isch Sechsi ufem Zifferblatt.
Der Morge chunnt. By miner Treu
es friert ein bis in Mark und Bei.

Die Todte g'spüre nüt dervo;
ne rueihig Lebe hen sie do.
Si schlofe wohl, und's friert si nit;
der Chilchhof macht vo allem g[q]uitt.
Sin echt no leeri Plätzli do?
's cha si, me bruucht e par dervo.

Ne Chindli, wo ke Mutter het,
denk wohl, i mach em do si Bett.
En alte Ma, en alti Frau,
Denkwohl i bring di Stündli au.
Hesch mengi Stund im Schmerz verwacht,
do schlof, und hesch e stilli Nacht.

Jez brennt e mol e Liechtli a,
und dört en anders nebe dra,
und d'Läde schettere druf und druf,
do goht, bym Blust, e Husthür uf!
»Grüß Gott ihr Lüt, und ich bi do,
i bi scho z'Nacht um Zwölfi cho.

Mi Vetter het si Bündel g'macht,
und furt by Nebel und by Nacht.
Wär ich nit uf d'Minute cho,
's hätt weger chönne g'föhrli go.
Wie g'fall'ich in mim Sunntig G'wand?
's chunnt Fade neu us Schniders Hand.

E Rübeli-Rock, er stoht mer wohl
zum rothe Scharlach Kamisol
und Plüschi Hose hani a,
e Zitli drin, e Bendeli dra,
ne g'chrüslet Hoor, e neue Huet,
e heiter Aug, e frohe Muth.

Es luegt do ein mi Schnappsack a,
und 's nimmt en Wunder, was i ha.
Ihr liebe Lüt, das sagi nit,
wenns chunt, so nimm verlieb dermit!
's sin Rösli drin und Dorne dra,
me cha nit jedes b'sunder ha.

Und Wagle Schnür, und Wickelband,
e Fingerring ans Brütlis Hand,
en Ehrechranz in's lockig Hoor,
e Schlüssel au zum Chilchhofthor.
Gent Achtig was i bitt und sag,
's cha iede treffe alle Tag.

E stille Sinn in Freud und Noth,
e rueihig G'wiße gebich Gott!
Und wers nit redli meint und gut
und wer si Sach nit ordli thut,
dem bring i au kei Sege mit,
und wenni wott, se chönnti nit.

Jez göhnt und leget d'Chinder a,
und was i g'seit ha, denket dra,
und wenn der au in d'Chilche went,
se schaffet was der z'schaffe hent.
Der Tag isch do der Mond vergoht
und d'Sune luegt ins Morgeroth.«

Geisterbesuch auf dem Feldberg.

Hani gmeint, der Denglegeist, ihr Chnabe vo Dotnau [= Todtnau]
seig e böse Geist, iez wüsti andere B'richt z'ge.
Us der Stadt das bini, und wills au redli bekenne,
mengem Chauf-Her verwandt »vo siebe Suppe ne Tünkli«
aber e Suntig-Chind. Wo näume luftigi Geister
uffem Chrützweg stöhn, in alte G'wölbere huse,
und verborge Geld mit füürigen Augen hüete,
oder vergoße Blut mit bittere Thräne wäsche,
und mit Grund verscharre, mit rothe Nägle verchratze,
siehts mi Aug wens wetterleicht. Sie wimsle gar sölli.
Und wo heiligi Engel mit schöne blauen Auge
in der tiefe Nacht in stille Dörfere wandle,
an de Fenstere lose, und, höre sie liebligi Rede,
gegen enander lächlen, und an de Husthüre sitze,
und die frumme Lüt im Schlof vor Schade bewahre,
oder wenn sie, selb ander und dritt, uf Gräbere wandle,
und enander sage: »do schloft e treui Mutter
do en arme Ma, doch het er niemes betroge,
Schlofet sanft und wohl, mer wennich wecke wenns Zit isch,«
siehts mi Aug im Sterneliecht, und höri sie rede.
Menge chenni mit Namen, und wemmer enander bigegne,
biete mer is d'Zit, und wechsle Reden und Antwort:
»Grüß di Gott! Hesch guti Wacht?« – »Gott dank der! so zimli.«
Glaubets oder nit! Ne mol, se schickt mi der Vetter
Todtnau zu, mit allerhand verdrießliche G'schäfte,
wo mer's Kaffe trinken und Ankeweckli drin tunke:
»Halt er si nienen uf, und schwetz er nit was em ins Mul chunt,«
rüft mer der Vetter no, »und loß er si Tabatiere
nit im Wirthshus lige, wie's sust bim Here der Bruch isch.«
Uf und furt, i gang, und was mi der Vetter ermahnt het,
hani richtig versorgt, Jez sitzi z'Todnau im Adler –
und iez gang i spaziere und mein i chön nit verirre,
mein' i seig am Dorf; zlezt chresmi hinten am Feldberg,
d'Vögel hen mi g'lockt, und an de Bächlene d'Blümli.
Selle Fehler hani, i cha mi an allem verthörle.
Drüber wird es chuel und d'Vögel sitzen und schwige.
S' streckt scho dört und do e Stern am düstere Himmel

's Chöpfli use, und luegt, öb d'Sunn echt aben ins Bett seig,
öb es echt dörf cho, und ruft de andere: »Chömmet!«
und i ha kei Hofnig meh. Druf leg i mi nieder.
's isch e Hütte dört, und isch en Aerfeli Strau drinn.
»O du liebi Zit«, so denki, »wenn i deheim wär!
Oder es wär scho Mitternacht. Es wird doch e G'spenstli
näume dohinte sy, und z'nacht um zwölfi verwache,
und mer Zit vertribe, bis früeih die himmlische Lichter
d'Morgenluft verlöscht, und wird mer zeige wo's Dorf isch.«
Und iez woni 's sag, und mittem vordere Finger
's Zitli frog, wo's Zeigerli stand, 's isch z'finster für's Aug gsi,
und wo's Zitli seit, 's gang ab den Oelfen, und woni
's Pfifli use leng, und denk: iez trinki ne Tuback,
aßi nit verschlof – by'm Bluest, se fangen uf eimol
ihrer zwee ne G'spröchli a. I mein, i ha g'loset. –
»Gell, i chum hüt spoot? Drum isch e Meideli g'storbe
z'Mambach, 's het e Fieberli g'ha und leidige Gichter.
's isch em wohl. Der Todesbecher hani em g'heldet,
aß es ringer gang, und d'Augen hani em zudruckt,
und ha g'seit: Schlof wohl! Mer wen di wecke, wenns Zit isch. – –
Gang, und bis so gut und hol mer e wengeli Wasser
in der silberne Schaale, i will iez mi Sägese dengele.«
Dengle? han i denkt, e Geist, und düsele use.
Woni lueg, so sitzt e Chnab mit goldene Fegge
und mit wiißem G'wand und rosefarbigen Gürtel
schön und lieblig do, und nebenen brenne zwey Lichtli.
»Alle gute Geister« sagi »Herr Engel Gott grüeß di!«
»Loben ihre Meister;« seit druf der Engel, »e Gott dankder!« –
»Nüt für übel, Herr Geist, und wenn e Frögli erlaubt isch,
sag mer was hesch du den z'dengele?« – »d'Sägese«, seit er.
»Jo, sel siehni«, sagi, »und ebe das möchti gern wisse,
wozu du ne Sägese bruuchsch.« – »Zum Meihe. Was hesch
  g'meint?«
seit er zu mer. Druf sagi: »und ebe das möchti gern wiße.«
Sagi zunem: »Ischs verlaubt? Was hesch du den z'meihe?« –
»Gras, und was hesch du so spoot do hinte z'verrichte?«
»Nit gar viel«, hani g'seit, »i trink e wengeli Tuback,
wäri nit verirrt, wohl wärs mer z'Todnau im Adler.
Aber mi Red nit z'vergesse, se ag mer wenn d' witt so gut si,
was du mittem Graß witt mache.« – »Futtere«, seit er.

»Eben und das nimmt mi Wunder, de wirsch doch Gott will ke Chue
 ha?«
»Nei, ne Chue just nit, doch Chalbele« seit er, »und Esel.
Siehsch dört selle Stern?« Druf het er mer obe ne Stern zeigt.
's Wienecht-Chindlis Esel, und s'heilige Fridelis Chalble*
othme d'Sterne Luft dört oben, und warten ufs Futter.
Und dört wachst kei Gras, dört wachse numme Rosinli«
het er g'seit »und Milch und Honig rieslen in Bäche,
aber 's Vieh isch semper, 's will alli Morgen si Gras ha,
und e Löckli Heu, und Wasser us irdische Quelle.
Dordurwille dengle iez, und will go meihe.
Wärsch nit der Ehre werth, und seisch de wellsch mer au helfe?«
So het der Engel g'seit. Druf sagi wieder zum Engel:
»Lueg, 's isch so ne Sach. Es sott mer herzlige Freud sy,
d'Stadtlüt wisse nüt vo dem; mer rechne und schribe,
zähle Geld sel chönner mer, und messen und wäge;
laden uf, und laden ab, und essen und trinke.
Was me bruucht ins Muul, in Chuchi, Cheller und Chammer,
strömt zu alle Thoren i, in Zeinen und Chretze;
's lauft in alle Gassen, es rueft an allen Ecke:
Chromet Chirsi, chromet Anke, chromet Andivi!
Chromet Ziebele, geli Rüebe, Peterliwurze!
Schwebelhölzli, Schwebelhölzli, Bodekolrabe!
Paraplü, wer koof? Reckholderberi und Chümmi!
Alles für baar Geld und alles für Zucker und Kaffe . . .
Hesch du au scho Kaffi trunke, Her Engel, wie schmeckt's der?«
»Schwetz mer nit so närsch«, seit druf der Engel und lächlet.
»Nei, mir trinke Himmelsluft und esse Rosinli,
vieri, alle Tag , und an de Suntige fünfi.
Chum iez wenn de mit mer wit, iez gangi go meihe,
hinter Todnau abe, am Weg, an grasige Halde.« –
»Jo Her Engel frili willi, wenn de mi mit nimsch,
's wird e fange chüel. I will der d'Sägese trage.
Magsch e Pfifli Tuback rauche, stohts der zu Dienste.«
Sieder rüeft der Engel: »Puhuh!« Ne füürige Ma stoht
wie im Winter, do. »Chumm, zündis abe go Todnau!«

---

* Nach einer alten Sage hätte der heilige Fridolin (in der katholischen Schweiz und
 dem obern Schwarzwalde ein gefeierter Name) mit zwei jungen Kühen eine Tanne
 bei Seckingen in den Rhein geführt, und dadurch diesen Fluß von der einen Seite
 der Stadt auf die andere geleitet.

Seits, und voris her marschirt der Puhuh in Flamme,
über Stock und Stei und Dorn, e lebigi Fackle.
»Gell es isch chumli so«, seit iez der Engel: »was machsch echt?
Worum schlagsch denn Füür? Und worum zündisch di Pfifli
nit am Puhuh a? De wirsch en doch öbbe nit förchte,
so ne Fraufasl[t]e-Chind, wie du bisch – het e di g'fresse!«
»Nei Her Engel g'fresse nit. Doch mußi bekenne,
halber hani'm numme traut. Gut brennt mer de Tuback.
Selle Fehler hani, die füürige Manne förchi;
lieber sieben Engel, as so ne brennige Satan.« –
»'s isch doch au ne Gruus«, seit iez der Engel, »aß d'Mensche
so ne Furcht vor G'spenstere hen, und hätte's nit nöthig.
's sind zwee einzigi Geister de Mensche gfährli und furchtbar;
Irrgeist heißt der eint', und Ploggeist heißt der ander;
und der Irrgeist wohnt im Wi. Us Channe und Chruse
stigt er eim in Chopf, und macht zerrüttete Sinne.
Selle Geist führt irr im Wald uf Wegen und Stege,
es goht mit eim z'unterst und z'öberst der Bode will unter eim
    breche!
d'Brucke schwanke, d'Berg bewege si, alles isch doppelt.
Nim di vorem in Acht!« Druf sagi wieder zum Engel:
»'s isch e Stich, er blutet nit! Her Gleitsma i merk di.
Nüechter bini gwis. I ha en einzig Schöpli
trunke g'ha im Adler, und frog der Adlerwirth selber.
Aber bis so gut und sag mer wer isch der ander?«
»Wer der ander isch«, seit iez der Engel, »das frogsch mi!
es isch e böse Geist, Gott well di vorem biwahre.
Wemme früeh verwacht, um viere oder um fünfi,
stoht er vorem Bett mit große füürige Auge,
seit eim gute Tag mit glühige Ruthen und Zange.
's hilft kei das walt Gott, und hilft kei Ave Maria!
Wemme bete will, enanderno hebt er eim's Muul zu.
Wemmen an Himmel luegt, se streut er Asche in d'Auge;
het me Hunger, und ißt – er wirft eim Wermuth in d'Suppe;
möcht me z'obed trinke, er schüttet Gallen in Becher.
Lauft me, wie ne Hirtz, er au, und blibt nit dehinte.
Schlicht me wie ne Schatte, so seit er: Jo mer wen g'mach thu.
Stoht er nit in der Chilchen, und sitzt er nit zu der ins Wirthshuus?
Wo de gosch und wo de stohsch, sin G'spenster und Gespenster.
Gosch ins Bett, thuesch d'Augen zu, se seit er: 's preßirt nit

mittem Schlof. Los, i will der näumis verzehle:
Weisch no, wie de g'stohle hesch, und d'Waisli betroge,
So und so, und das und dies, und wenn er am End isch,
fangt er vorne a, und viel wills schlofe nit sage.«
So het der Engel g'seit, und wie ne füürige Luppe,
het der Puhu g'sprüzt. Druf sagi wieder: »I bi doch
au ne Suntig Chind, mit mengem Geistli befründet,
aber b'hüt mi Gott der Her!« Druf lächlet der Engel.
»B'halt di G'wiße rein[,] 's goht über b'siebnen und b'segne,
und gang iez das Wegli ab, dört nieden isch Todnau.
Nimm der Puhuh mit, und lösch en ab in der Wiese,
aß er nit in d'Dörfer rennt, und d'Schüüre nit azünt.
B'hüt di Gott, und halt di wohl!« Druf sagi: »Her Engel!
B'hüt di Gott der Her, und zürn' nüt! wenn de in d'Stadt chunsch,
in der heilige Zit, se b'suech mi, 's soll mer en Ehr sy.
's stöhn der Rosinli z'Dienst und Hypokras wenn er di annimmt.
d'Sterneluft isch rau, absunderlig nebe der Birsig.«*
Drüber graut der Tag, und richtig chummi go Todnau,
und gang wieder Basel zu im lieblige Schatte.
Wonni an Mambach chumm, so trage sie 's Meideli use,
mittem heilige Chrütz und mit der verblichene Fahne,
mittem Chranz und Todtebaum und briegge und schluchze.
Hent ders denn nit g'hört! Er wills jo wecke wenns Zit isch,
und am Zistig druf, se chummi wieder zum Vetter,
d'Tuback-Tose hani richtig näume lo liege.

---

* Fluß dieses Namens.

Der Abendstern.

Du bisch au wieder zitli do
und laufsch der Sunne weidli no,
du liebe, schöne Obestern!
Was gilts de hättsch di Schmützli gern!
Es trippelt ihre Spure no,
und cha si doch nit übercho.

Vo alle Sterne gros und chlei
isch er der liebst und er ellei,
si Brüderli der Morgestern,
si het en nit ums halb so gern;
und wo sie wandlet us und i,
se meint sie, müeß er um sie sy.

Früeih wenn sie hinterm Morgeroth
wohl ob em Schwarzwald ufe goht,
sie führt ihr Bübli an der Hand,
sie zeigt em Berg und Strom und Land,
sie seit: »Thue g'mach, 's preßirt nit so!
Di Gumpe wird der bald vergoh.«

Er schwezt und frogt sie das und deis,
sie git em B'richt, so guet sie 's weiß.
Er seit: O Mutter lueg doch au
do unte glänzts im Morgethau
so schön wie in dim Himmelssaal!
»He,[«] seit sie, [»]drum isch's Wiesethal.«

Sie fragt en: »Hesch bald alles gseh?
Jez gangi, und wart nümme meh.«
Druf springt er ihrer Hand dervo,
und mengem wiiße Wülkli no;
doch, wenn er meint iez han i di,
verschwunden isch's, weiß Gott, wohi.

Druf wie si Mutter höcher stoht,
und allsg'mach gegenem Rhistrom goht,
se rüeft sie 'm: »Chumm und fall nit do!«
Sie führt en fest am Händli no:
»De chönntsch verlösche, Handumcher,
Nimm was mers für e Chummer wär!«

Doch, wo sie überm Elsas stoht,
und allsgmach ehnen abe goht,
wird nootno 's Büebli müed und still
's weiß nümme, was es mache will;
's will nümme goh, und will nit goh,
's frogt hundertmol: »Wie wit ischs no?«

Druf[,] wie sie ob de Berge stoht,
und tiefer sinkt ins Oberoth
und er afange matt und müed,
im rothe Schimmer d'Heimeth sieht,
se loßt er sie am Fürtuch goh,
und zettlet alsgmach hinte no.

In d'Heimeth wandle Herd und Hirt,
der Vogel sizt, der Chäfer schwiert;
und 's Heimli betet dört und do,
si luten Obedsege scho.
Jez denkt er hani hochi Zit,
Gottlob und Dank, 's isch nümme wit.

Und sichtber, wiener nöcher chunnt,
umstrahlt sie au si Gsichtli rund.
Drum stoht si Mutter vorem Hus:
»Chumm, weidli chumm, du chleini Muus!«
Jez sinkt er freudig niederwärts –
iez ischs em wohl am Muetterherz.

Schlof wohl, du schönen Obestern!
's isch wohr, mer hen di alle gern.
Er luegt in d'Welt so lieb und gut,
und bschaut en eis mit schwerem Muth,
und isch me müed, und het e Schmerz,
mit stillem Frieden füllt er's Herz.

Die anderen im Strahleg'wand,
he frili io, sin au scharmant.
O lueg, wie 's flimmert wit und breit
in Lieb und Freud und Einigkeit,
's macht kein em andere 's Lebe schwer,
wenns doch do nieden au so wär!

Es chunnt e chüeli Obedluft
und an de Halme hangt der Duft.
Denk wohl, mer göhn iez au alsgmach
im stille Frieden unter Dach!
Gang, Liseli, zünd 's Aempli a!
Mach kei so große Dochte dra!

Der Schwarzwälder im Breisgau.

Z'Müllen an der Post,
Tausigsappermost!
Trinkt me nit e gute Wi!
Goht er nit wie Baumöhl i,
z'Müllen an der Post!

Z'Bürglen uf der Höh,
nei, was cha me seh!
O, wie wechsle Berg und Thal,
Land und Wasser überal,
z'Bürglen uf der Höh!

Z'Staufen uffem Märt,
hen si, was me gert,
Tanz und Wi und Lustberkeit,
was eim numme 's Herz erfreut,
z'Staufen uffem Märt!

Z'Friburg in der Stadt
sufer ischs und glatt,
richi Here, Geld und Gut,
Jumpfere wie Milch und Blut,
z'Friburg in der Stadt.

Woni gang und stand,
wärs e lustig Land.
Aber zeig mer, was de witt,
numme näumis findi nit,
in dem schöne Land.

Minen Auge gfallt
Herischried im Wald.
Woni ang, se denki dra
's chunnt mer nit uf d'Gegnig a
z'Herischried im Wald.

Imme chleine Huus
wandelt i und us –
gelt, de meinsch, i sagder, wer?
's isch e Sie, es isch kei Er,
imme chleine Huus.

Riedligers Tochter.

Spinnet, Töchterli, spinnet, und Jergli leng mer der Haspel!
D'Zit vergoht, der Obed chunnt und 's streckt si ins Frühjohr.
Bald goht's wieder use mit Hauen und Rechen in Garte.
Werdet mer flißig und brav und hübsch, wie 's Riedligers Tochter!
In de Berge stoht e Hus, es wachse iez Wesmen
uffem verfallene Dach, und 's regnet aben in d'Stube.
Frili 's isch scho alt, und sin iez anderi Zite,
weder wo der Simme Fritz und es Eveli gehuust hen.
Sie hen 's Huus erbaut, die schönsti unter de Firste,
und ihr Name stoht no näumen am rußige Tremel.
Het me gfrogt, wer sin im Wald die glücklichsten Ehlüt,
het me gseit: »der Simme Fritz und 's Riedligers Tochter«,
und 's isch dem Eveli grothe mit gar verborgene Dinge.
Spinnet, Chinder, spinnet, und Jergli hol mer au Trinme!
Mengmol wo der Fritz no bi den Eltere glebt het,
het en d'Mutter g'no, und gfrogt mit beweglich Worte:
»Hesch di no nit anderst bsunne? G'falle der 's Meiers
Matte no nit besser zu siner einzige Tochter«,
und der Fritz her druf mit ernstlichen Worten erwiedert:
»Nei sie gfallt mer nit, und anderst b'sinni mi nümme.
's Riedligers suferi Tochter zu ihre Tugede gfallt mer,« –
»D'Tugede loß den Engle! Mer sin iez no nit im Himmel.«
»Lönt de Chueihe 's Heu ab's Meyers grasige Matte!« –
»D'Mutter isch e Hex!« – »Und soll au d'Mutter e Hex sy,
Mutter hi und Mutter her, und 's Töchterli willi!« –
»'s Meidli soll's gwiß au scho tribe, d'Nochbere sage 's.« –
»Sel isch en alte B'richt, und dorum chant 's nit wende.
Winkt's mer, so muß i cho, und heißt es mi näumis, se thuenis.
Luegt's mer no gar in d'Augen, und chummi em nöcher an Buse,
wird's mer, ich weiß nit wie, und möchti sterbe vor Liebi.
's isch ke liebliger Gschöpf, aß so ne Hexli wo jung isch.« –
Näumis het d'Mutter gwüßt. Me seit das Meideli sey gwiß
in si'm zwölfte Johr e mol elleinig im Wald gsi,
und heb Erberi g'sucht. Uf eimal hört es e Ruusche
und wo's um si luegt, se stoht in goldige Hore
ummen en Ehle lang e zierlig Fraueli vorem

inneme schwarze Gwand und g'stickt mit goldene Blume
und mit Edelgstei. »Gott grüeß di Meiddeli!« seit's em,
»spring nit furt, und fürch mi nit! I thue der kei Leidli.«
's Eveli seit: »Gott dank der, und wenn du 's Erdmännlis Frau bisch,
willi di nit förche!« – »Jo frili,« seit es, »das bini.« –
»Meideli los, und sag: chansch alli Sprüchli im Spruchbuch?« –
»Jo i cha si alli, und schöni Gibetli und Psalme.« –
»Meideli, los und sag: gosch denn au flißig in d'Chilche?« –
»Alli Suntig se thueni. I stand im vorderste Stühli.« –
»Meideli los, und sag: folgsch au, was 's Mütterli ha will?« –
»He, wills Gott der Her, und froget 's Mütterli selber!«
»'s chennt ich wohl, i weiß es scho, und het mer scho viel g'seit.«
»Meideli was hesch g'seit? Bisch öbbe 's Riedligers Tochter?«
»Wenn de mi Gotte bisch, se chum au zu mer in d'Stube!«
Hinter der Brumberi Hurst gohts uf verschwiegene Pfade
tief dur d'Felsen i. Hätt 's Frauweli nit e Laternli
in der Linke treit, und 's Eveli sorglich am Arm g'führt,
's hätt der Weg nit gfunde. Jez goht e silberni Thür uf.
»O Herr Jesis, wo bini? Frau Gotte binni im Himmel?« –
»Nei doch du närrisch Chind. In mi'm verborgene Stübli
bisch by diner Gotte. Sitz nieder und bis mer Gottwilche!
Gel das sin chosperi Stei an mine glitzrige Wände?
Gel i ha glatti Tisch? Sie sin vom suferste Marfel.
Und do die silbere Blatten und do die goldene Teller!
Chumm iß Hunig-Schnitten und schöni gwundeni Strübli!
Magsch us dem Chächeli Milch? Magsch Wi im christalene
  Becher?« –
»Nei Frau Gotte, lieber Milch im Chächeli möchti.«
Wones gesse het und trunke, seit em si Gotte:
»Chind, wenn d'flißig lehrsch, und folgsch was 's Mütterli ha will,
und chumsch us der Schul und gosch zum heilige Nachtmohl,
willider näumis schicke. Zeig wie, was wär der am liebste?
Wärs das Trögli voll Plunder? Wärs do das Rädli zum Spinne?« –
»Bald isch's Plunder verriße. Frau Gotte, schenket mer's Rädli!« –
»'s Rädli will gspunne ha. Nimm lieber 's Trögli voll Plunder!
Siesch die sideni Chappe mit goldene Düpflene gsprenglet?
Siehsch das Halstuch nit mit siebefarbige Streife,
und e neue Rock, und do die gwäßerti Hoorschnur? –
Jo 's isch mer numme z'schön. Frau Gotte schenket mer's Rädli!« –
»Willsch's, se sollschs au ha, und chunts, se halt mers in Ehre!

Wenn de 's in Ehre hesch, solls au an Plunder nit fehle,
und an Segen und Glück. I weiß em verborgeni Chräfte.
Sieder, nim das Rösli und trag mers sorglich im Buse,
aß den au öppis hesch von diner heimliche Gotte!
Los und verliehr mers nit! Es bringt der Freuden und Gsundheit.
Wärsch mer nit so lieb, i chönnt der io Silber und Gold ge.«
Und iez het sie's gchüßt, und wieder usen in Wald gführt:
»Bhüt di Gott, und halti wohl, und grüß mer di Mutter!« –
So viel isch an der Sach, und deßhalb het me ne no gseit,
d'Mutter seig e Hex, und nit viel besser ihr Meidli.
Nu das Meiddeli isch mit si'm verborgene Blümli
hübscher vo Tag zu Tag und alliwil liebliger worde,
und wo's us der Schul mit andere Chindere cho isch,
und am Ostertag zum Nachtmahl gangen und heim chunt,
nei se bhütis Gott, was stoht im heitere Stübli?
's Rädli vo Birbaume Holz und an der Chunkle ne Riste
mitteme zirlige Band us rosiger Siden umwunde
unte ne Letschli dra, und 's Gschirli zum Netze vo Silber,
und im Chrebs e Spühli, und scho ne wengeli g'spunne.
D'Gotte het der Afang gmacht mit eigene Hände.
Wie het mit Eveli gluegt! Was isch das Eveli g'sprunge!
Gsangbuch weg und Meie weg und 's Rädli in d'Arm gno,
und het's gchüßt und druckt. »O liebi Frau Gotte, vergelts Gott!«
's het nit z'Mittag gesse. Sie hen doch e Hammen im Chöl gha.
's isch nit usen ins Grün mit andere Chindere gwandelt,
Gspunne hätts mit Händ und Füße, het em nit d'Mutter
's Rädli in Chaste gstelt, und gseit: »Gedenke des Sabbaths!
Isch nit Christus der Her hüt vo de Todte erstande?
Nu di Rädli hesch. Doch Eveli, Eveli weisch au,
wie mes in Ehre haltet, und was d'Frau Gotte wird gmeint ha?«
Frili weißt[sch]'s, worum denn nit, und het sie 'm verheiße:
»Wenn des in Ehre hesch solls au an Plunder nit fehle
und andere Sege«, se het sie 's ghalte wie 's recht isch.
Het nit in churzer Zit der Weber e Tragete Garn gholt?
Hets nit alli Johr vom finste glichlige Fade
Tuch und Tuch uf d'Bleichi treit und Strängli zum Färber?
He, me het io gseit, und wenns au dussen im Feld seig,
's Rädli spinn elleinig furt, und wie sie der Fade
unten in d'Spuhle zieh', wachs' unterm rosige Bendel
d'Riste wieder no – sel mueßt mer e chummligi Sach sy –

und wer het im ganze Dorf die suferste Chleider
Sunntig und Werchtig treit, die reinlichsten Ermel am Hemd gha,
und die suferste Strümpf und alliwil freudigi Sinne?
's Frauweli im Felse-G'halt si liebligi Gotte.
Drum hets Simme's Fritz, wo 's achtzeh' Summer erlebt het,
zu der Mutter gseit mit ernstliche Mine und Worte:
»Numme 's Riedligers Tochter zu ihre Tugede gfallt mer.«
Mutterherz isch bald verschrekt, zwor sotti's nit sage.
Wo sie wieder e mol von 's Meyers Tochter und Matte
ernstlig mittem redet, und wills mit Dräue probire:
»'s git e chräftig Mittel,« seit sie, »wenn de verhext bisch.«
»Hemmer für's Riedligers g'huust? Di Vater sezt di ufs Pflichttheil.
und de hesch mi Sege nit, und schuldig bisch du dra.«
»Mutter, erwidert der Simme, soll euer Sege verscherzt sy,
stand i vom Eveli ab, und gehri vom Vater ke Pflichttheil.
Z'Stette sizt e Werber, und wo me uffeme Berg stoht,
lüte d'Türke-Glocken an alle Ende und Orte.
Blut um Blut, und Chopf um Chopf, und Leben um Lebe.
Färbt mi Blut e Türke-Säbel, schuldig sin ihr dra!«
Wo das d'Mutter hört, se sizt sie nieder vor Schrecke:
»Du vermesse Chind, se nim si wenn de sie ha witt;
aber chumm mer nit go chlage, wenns der nit gut goht.«
's isch nit nöthig gsy. Sie hen wie d'Engel im Himmel
mitenander g'lebt, und am verborgene Sege
vo der Gotte hets nit gfehlt im hüßliche Wese.
He sie hen jo z'lezt vo's Meyers grasige Matte
selber die schönste g'meiht, 's isch alles endlich an Stab cho,
und hen Freud erlebt an fromme Chinden und Enkle.
Thunt iez d'Räder weg, und Jergli der Haspel ufs Chästli!
's isch afange dunkel und Zit an anderi G'schäfte.
Und so hen sie 's gmacht, und wo si d'Räder uf d'Site
stellen, und wenn go und schüttle d'Agle vom Fürtuch,
seit no's Vreneli: »So ne Gotte möchti wohl au ha,
wo eim so ne Rad chönnt helfen und so ne Rösli.«
Aber d'Mutter erwiedert: »s' chunnt uf kei Gotten, o Vreni,
's chunnt uf 's Rädli nit a. Der Fliß bringt heimlige Sege,
wenn de schaffe magsch. Und hesch nit 's Blümli im Buse,
wenn de züchtig lebsch und rein an Sinnen und Werke?
Gang iez und hol Wasser und glitsch mer nit usen am Brunne!«

Die Ueberraschung im Garten.

»Wer sprüzt mer alli Früeih mit Rosmeri?
Es cha doch nit der Thau vom Himmel si;
sust hätt der Mangeld au si Sach,
er stoht doch au nit unterm Dach.
Wer sprüzt mer alli Früeih mi Rosmari?

Und wenn i no so früeih ins Gärtli spring,
und unterwegs mi Morgeliedli sing,
isch näumis g'schaft. Wie stöhn iez reihewis
die Erbse wieder do am schlanke Ris
in ihrem Bluest! I chum nit us dem Ding.

Was gilts es sin die Jungfere usem See!
Me meint zwar, 's chöm, wie lang scho, keini meh.
Sust sin sie in der Mitternacht,
wenn niemes meh als d'Sterne wacht,
in d'Felder use g'wandelt usem See.

Sie hen im Feld, sie hen mit frummer Hand
de brave Lüte g'schafft im Gartenland;
und isch me Früeih im Morgeschimmer cho,
und het iez welle an si Arbet go,
isch alles ferig gsi – und wie scharmant.

Du Schalk dört hinte, meinsch i seh di nit?
Jo duck' die numme nieder, wie de witt!
I ha mers vorgstellt, du würsch's sy.
Was falleder für Jesten i? –
O lueg, vertrit mer mini Sezlig nit!« –

»O Kätterli, de hesch nit solle seh!
Jo, dine Blume hani z'trinke ge,
und wenn de wotsch, i gieng für di dur's Füür
und um mi Lebe, wär mer di's nit z'thüür
und 's isch mer, o gar sölli wohl und weh.«

So het zum Kätterli der Fridli g'seit,
er het e schweri Lieb im Herze treit
und hets nit chönne sage iust,
und es het au in siner Brust
e schüüchi zarti Lieb zum Fridli treit.

»Lug Fridli mini schöne Blüemli a!
's sin numme alli schöne Farbe dra.
lueg wie eis gegenem andere lacht,
in siner holden Früehligs-Tracht,
und do sitzt scho ne flißig Immli dra.«

»Was helfe mer die Blümli blau und wiß?
O Kätterli, was hilft mer's Immlis Fliß?
Wärst du mer hold, i wär im tiefste Schacht
i wär mit dir, wo auch kei Blüemli lacht
und wo kei Immli summst, im Paradis.«

Und d'rüber hebt si d'Sune still in d'Höh,
und luegt in d'Welt, und seit: »Was muß i seh
in aller Früeh?« – Der Fridi schlingt si Arm
um's Kätterli, und 's wird em wohl und warm.
Druf et em 's Kätterli e Schmützli ge.

Das Gewitter.

Der Vogel schwankt so tief und still,
er weiß nit, woner ane will.
Es chunt so schwarz, und chunt so schwer,
und in de Lüfte hangt e Meer
voll Dunst und Wetter. Los wie's schallt
am Blauen, und wie's wiederhallt.

In große Wirble fliegt der Staub
zum Himmel uf, mit Halm und Laub,
und lueg mer dört sel Wülkli a!
I ha ke große G'falle dra,
lueg wie mers usenander rupft,
wie üser eis, wenns Wulle zupft.

Se helfis Gott, und bhüetis Gott!
Wie zuckts dur's G'wulch so füürigroth
und 's chracht und stoßt, es isch e Gruus
aß d'Fenster zitteren und 's Hus,
Lueg 's Bübli in der Waglen a!
Es schloft, und nimmt si nüt drum a.

Sie lüte z'Schlienge druf und druf,
je, und 's hört ebe doch nit uf.
Sel bruucht me gar, wenns dundere soll
und 's lütet eim no d'Ohre voll. –
O, helfis Gott! – Es isch e Schlag!
Dört siehsch im Baum am Gartehag?

Lueg 's Bübli schloft no allewil
und us dem Dundere machts nit vil.
Es denkt: »Das ficht mi wenig a,
er wird io d'Auge bynem ha.«
Es schnüfelet, es dreiht si hott
ufs ander Oehrli. Gunn ders Gott!

O, siehsch die helle Streife dört?
O los! hesch nit das Raßle g'hört?

Es chunt. Gott wellis gnädig sy!
Göhnt weidli hänket d Läden i!
's isch wieder akurat wie fern.
Gut Nacht du schöni Weitzen-Ern.

Es schettert uffem Chilche-Dach;
und vorem Hus, wie gäutscht's im Bach
und loßt nit no – das Gott erbarm.
Jez simmer wieder alli arm. –
Zwor hemmer au scho gmeint, 's seig so,
und doch isch 's wieder besser cho.

Lueg 's Bübli schloft no allewil
und us dem Hagle machts nit viel!
Es denkt: »Vom Briegge loßt's nit no,
er wird mi Theil scho übrig lo.«
He io, 's het au, so lang i's ha,
zu rechter Zit si Sächli gha.

O gebis Gott e Chindersinn!
's große Trost und Seege drinn.
Sie schlofe wohl und traue Gott,
wenns Spieß und Nägel regne wott,
und er macht au si Sprüchli wohr
mit sinen Englen in der G'fohr. –

Wo isch das Wetter ane cho?
D'Sunn stoht am heitern Himmel do.
's isch schier gar z'spot, doch grüß di Gott!
He, seit sie, »nei, 's isch no nit z'spot,
es stoht no menge Halm im Bah'
und menge Baum, und Oepfel dra.« –

Potz tausig 's Chind isch au verwacht.
Lueg was es für e Schnüüfeli macht!
Es lächelt, es weiß nüt der vo.
Siesch Friederli, wie's ussieht do? –
Der Schelm het no si G'falle dra.
Gang richt em eis si Päppli a! –

Agatha
an der Bahre des Pathen.

Chumm Agethli und förcht der nit
i merk scho, was de sage witt.
Chumm, b'schau di Götti no ne mol,
und brieg nit so, es isch em wohl.

Er lit so still und fründli do,
me meint er los, und hör mi no,
er lächlet frei. o Jesis Gott,
as wenn er näumis sage wott.

Er het e schweri Chranket gha.
Er seit: »Es griift mi nümmen a,
der Tod het iez mi Wunsch erfüllt
und het mi hitzig Fieber gstillt.«

Er het au menge Chummer gha.
Er seit: »Es ficht mi nümmen a,
und wenes goht, und was es git,
im Chilchhof niede höris nit.«

Er het e böse Nochber gha.
Er seit: »I denk em nümme dra,
und was em fehlt, das tröst en Gott
und gebem au e sanfte Tod.«

Er het au sini Fehler gha.
's macht nüt! Mer denke nümme dra.
Er seit: »I bi iez frey dervo,
's isch nie us bösem Herze cho.«

Er schloft, und luegt di nümme a,
und het so gern si Gotte gha.
Er seit: »Wills Gott, mer werde scho
im Himmel wieder z'seme cho.«

Gang Agethli, und denk mer dra!
De hesch e brave Götti g'ha.
Gang Agethli, und halt di wohl!
Di Stündli schlacht der au ne mol.

Die Häfnet-Jungfrau.

Vetter, wo simmer doch echterst? Bald glaubi, mer seige verirret.
's schlacht kei Uhr, me hört ke Guhl, es lütet ke Glocke,
wo me lost, und wo me luegt, se find't me ke Fußtritt.
Chömmet do das Wegli ab! Es isch mer, mer seige
nümme wit vom Häfnet-Bugg. Sust grusets mer, wenni
drüber muß; iez wäri froh. Der Sunne no möcht es
schier gar Zehni sy. Sel wär kei Fehler, mer chäme
alliwil no zitli gnug go Steine bis Mittag. –
Geltet, was hani gseit! Gottlob, do simmer am Häfnet,
und iez weißi Weg und Steg. Der hent doch au betet
hütte früeih, wills Gott, und hentich gwäschen und d'Hoor gstrehlt
mittem Richter? Mengmol müen au d'Finger der Dienst thue,
und der sehnt mer schier so us. Je Vetter i warnich!
Wemmer bym Brunne sin, me würdich wäschen und strehle.
's stoht im Wiesethal und in den einseme Matte
no ne Huus, me seit em numme 's Steinemer Schlößli.
's thuet de Hamberchs-Lüten und 's thuet de Bure wo gfrohnt hen,
bis es gstanden isch mit sine Stapflen am Giebel,
au kei Zahn meh weh. Doch liege sie rüeihig im Bode,
d'Häfnet-Jumpfere nit, wo vor undenkliche Zite
in dem Schlößli g'huset het mit Vater und Mutter.
's isch e Zwingherr gsi, und 's het des Frohnes kei End gha,
bald ufs Tribe, bald zum Bauen oder an Acker,
z'nacht zum Hüeten ins Feld, und het der Zwingherr und
   d'Zwingfrau
nüt me gwüßt, isch d'Tochter cho, ne zimpferig Dingli,
mitteme Zucker-G'sicht und marzipanene Hälsli.
Bald het ein go Basel müeßen oder no witers,
Salbe hole, das und deis zum Wäschen und Strehle,
Schuh mit gstickte Blumen und chosperi goldeni Chappe
mit Chramanzlete drum und sideni Hentschen und Bendel.
Meinet der denn sie wär emol go Steine in d'Chilche
uffem Bode gange mit ihre papirene Schuhne?
Oerliger, bym Bluest, vom thürste wo me cha finde,
hen sie müeße spreite vom Schlößli bis füren an Steine
und durs Dorf an d'Chilchhofthür und übere Chilchhof,
und am Mentig wäschen. Am nöchste Samstig het alles

müeße sufer sy, wie neu vom Weber und Walker.
's isch emol en alte Ma, 's heig niemes si Heimeth
wüße welle, neben an dem örliger Fußweg
gstanden an der Chilchhofthüre. »Loset i warnich,
Jumpferli«, heig er gseit, »'isch mit dem Pläzli nit z'spasse.
Goht me so in d'Chilchen und über die grasige Gräber?
Wie heißts in der Bibel? Der werdets iemer nit wüsse,
Erde sollst du werden, aus Erde bist du genommen.
Jumpferen i förch, i förch!« – Druf seig er verschwunde.
Sel mol uf Oerliger-Tuch in d'Chilche gangen und nümme!
Nei 's muß Flanell her am nöchste Sunntig mit rothe
Bendle rechts und links und unten und obe verblendlet.
O, wie mengmol hen doch d'Lüt im Stille der Wunsch gha:
»Nähm di numme ne Ma im Elsis oder im Brisgau
oder wo der Pfeffer wachst! Es sott der io gunnt sy.«
Aber 's het sie niemes möge. D'Mutter isch gstorben
und der Vater au, sie liege nebenenander,
und 's chunnt zlezt e Gang, wo 's Töchterli füren in Chilchhof
au ke Flanell brucht und eineweg d'Schühli nit wüst macht.
Hen sie nit im Todtebaum vier Richter ins Grab treit?
's seig nit brieg̈get worde. Ne Vater unser hen frilig
alli betet, und gseit: »Gott geb der ewige Friede!«
Drum der Tod söhnt alles us, wenns numme nit z'spot wär.
Aber der alt Ma seig eismols wieder am Chilchhof
gstanden und heig gseit mit schwere bidütseme Worte:
»Hesch nie das Plätzli birührt, se soll di das Plätzli nit tole.
Wo du ane g'hörsch, weiß numme 's Geitligers Laubi.«
's isch so cho. Der ander Morge, women ins Feld goht,
stoht der Todtebaum vor usse nebe der Chilchmuur.
Wer verbei isch, het en gseh, und 's heißt no dernebe,
's seige Grappe gnueg druf gsessen und heigen am Tuech pikt,
wie mes macht. Wenn näumis isch, se lüegt me no mehr dra.
Je me hets wieder probirt, me het sie no tiefer vergrabe,
an en andere Platz. 's het alles nit ghulfen und battet.
Endli seit der Vogt: »Me müen go 's Geitligers Laubi
froge, wo sie ane ghört.« Me rüstet e Wage,
wettet d'Stieren i, und leit der Todtebaum ufe.
»Laufet wo der went!« Sie hen si nit zweymol lo heiße.
Uf und furt zum Häfnet-Bugg. Dört blibe sie b'hange:
z'allernöchst am Brunne (der wüßets) womer vo[e]rbey sin.

In deim Brunne sizt sie. Doch stigt sie an sunnige Tage
mengmol usen ans Land, strehlt in de goldige Hoore
und wenn näumer chunnt, wo selle Morge nit betet
oder d'Hoor nit gstrehlt, und wo si nit gwäschen und puzt het,
oder jungi Bäum verderbt und andere 's Holz stiehlt,
seit me sie nehmen in d'Arm, und ziehnen aben in Brunne.
Vetter, i glaub sell nit. Me seit so wege de Chinde,
aß sie süferli werden und nieme näumis verderbe.
Vetter, wär es so gförli, bym Bluest, euch hätt sie in d'Arm gno,
wo mer nebenabe sin, und gwäschen im Brunne,
und au wieder gstrehlt e mol. – Nei loset was höri?
's lütet z'Steine Mittag. Bal simmer dussen im Freye.
D'Zit wird eim doch churz im Laufe, wemen au näumis
mitenander z'rede weiß und näumis z'erzähle.
Seigs denn au nit wohr, es isch nit besser wenns wohr isch.
Sehnt der iez dört 's Schlößli mit sinen eckige Gieble?
Und das Dorf isch Steine. Do füre zieht si der Chilchweg.

Auf den Tod eines Zechers.

Do hen si mer e Ma vergrabe.
's isch schad für sini bsundere Gabe.
Gang, wo de witt, such no so ein!
Sel ist verbey de findsch mer kein.

Er isch e Himmelsg'lehrter gsi.
In allen Dörfere her und hi
se het er gluegt vo Hus zu Hus,
hangt nienen echt e *Sternen* us.

Er isch e freche Ritter gsi.
In alle Dörfere her und hi
se heter fragt enanderno:
»sin *Leuen* oder *Bäre* do?«

E gute Christ sel isch er gsi.
In alle Dörfere her und hi
se het er untertags und z'nacht
zum *Chrütz* si stille Bußgang g'macht.

Si Namen isch in Stadt und Land
bey große Here wohl bikannt.
Si allerliebsti Cumpanie
sin alliwil d' *drei Künig* gsi.
Jez schloft er und weiß nüt dervo
es chunt e Zit, gohts alle so.

Der Wegweiser.
Guter Rath zum Abschied.

Weisch, wo der Weg zum Mehlfaß isch,
zum volle Faß? Im Morgeroth
mit Pflug und Charst dur 's Weizefeld,
bis Stern und Stern am Himmel stoht.

Me hackt, so lang der Tag eim hilft,
me luegt nit um, und blibt nit stoh;
druf goht der Weg dur's Schüre-Tenn
der Chuchchi zu, do hemmers io!

Weisch wo der Weg zum Gulden isch?
Er goht de rothe Chrützere no,
und wer nit uffe Chrützer luegt,
der wird zum Gulde schwerli cho.

Wo isch der Weg zur Sunntig Freud?
Gang ohni Gfohr im Werchtig no
dur d'Werkstatt und dur 's Ackerfeld!
der Sunntig wird scho selber cho.

Am Samstig isch er nümme wit.
Was deckt er echt im Chörbli zu?
Denkwol e Pfündli Fleisch ins Gmües,
's cha sy, ne Schöpli Wi derzu.

Weisch, wo der Weg in d'Armeth goht?
Lueg numme, wo Taffere sin?
Gang nit verbey, 's isch gute Wi,
's sin nagelneui Charte d'inn!

Im letste Wirthshus hangt e Sack,
und wenn de furt gohsch, henk en a!
»Du alte Lump, wie stoht der nit
der Bettelsack so zierlig a!«

Es isch e hölze Gschirli drinn,
gib achtig druf, verliehr mer's nit,
und wenn de zu me Wasser chunnsch
und trinke magsch, se schöpf dermit!

Wo isch der Weg zu Fried und Ehr,
der Weg zum guten Alter echt?
Grad fürsi gohts in Mäßigkeit
mit stillem Sinn in Pflicht und Recht.

Und wenn de amme Chrützweg stohsch,
und nümme weisch, wo 's ane goht,
halt still, und frog di Gwisse z'erst,
's cha dütsch, Gottlob, und folg si'm Roth.

Wo mag der Weg zum Chilchhof sy?
Was frogsch no lang? Gang, wo de witt!
Zum stille Grab im chüele Grund
führt iede Weg, und 's fehlt si nit.

Doch wandle du in Gottis Furcht!
i roth der, was i rothe cha.
Sel Plätzli het e gheimi Thür,
und 's sin no Sachen ehne dra.

WORTERKLÄRUNGEN

A.

Aecke, der Nacken.
Aetti, Vater.
Afange, verb. Anfangen. Aber *Afange,* Endlich, Nach und nach.
Agle, Steife stechende Spitzen, z. B. an den Aehren.
Alder, Oder.
Almig, Ehemals.
Ane Hin *Woane?* Wohin?
Anke, Frische Butter.
Arfel, subst. Ein Arm von *Aerfeli.*
As, Als. Aß, Daß.

B.

Bah, 1) Bahn, 2) Bann, Gemarkung.
Balge, Vorwürfe machen.
Baschge, Im Ringen die Kräfte gegen einander messen.
Basseltang, Kurzweil.
Batte, nützen, fruchten. Verwandt mit *Baß, Besser.*
Baum, ausser den gewöhnlichen Bedeutungen, bei einem gewissen Kartenspiel der Valet in Treffle.
Kreutz dem Baum, Herausforderung dieser Karte durch ein ausgespieltes Treffle-Blatt.
Bederthalbe, Auf beiden Seiten.
Bederthalbe, Ein Zwerchsack. Vom *Beide und Halb.*
Belche, Hoher Berg des Schwarzwaldes
Bis, Sey!
Bitzeli, Wenig.
Bluest, Blüthe.
Bym Bluest, Eine mißstellte Betheurungsformel, dann ein Ausdruck der Verwunderung, besonders bei unangenehmen Ueberraschungen.
Bohle, Werfen.
Bosge, Eine Bosheit verüben.
Bosget, Bosheit, auch im unschuldigern Sinn, Muthwille.
Brenz, Branntwein. Gebranntes.
Briegge, Weinen.
Briggem, Bräutigam.
Bringe, 1) Bringen, 2) Zutrinken.
Bruttle, 1) mit *Haben:* Halblaut reden, besonders im Unwillen. 2) mit *Sein:* Halblaut redend fortgehen.
B'scheid, Bescheid. *B'scheid thue,* Einen zugebotenen Trunk annehmen.
B'schieße, Zureichen, Säftigen, gedeihlichen Fortgang haben.
Büeßli, Zehnkreutzerstück.
Bugg, Hügel.
Bühny, 1) Obere Decke des Zimmers. 2) Der oberste Boden des Hauses. 3) Raum zwischen demselben und dem Dache.
Bunte, Pfropfer, Spunte.
Busper, Munter, besonders von Vögeln. Etwa so viel als *buschbar,* wenn die Hecken buschig werden, und die Vögel nisten.
Büttene, Großes hölzernes Gefäß zum Einsalzen des Fleisches u.s.w.

C.

Charfunkel, 1) Jeder rothe Stein von Glanz. 2) Rother Ausschlag im Gesicht.
Cheri, Reihe, Ordnung dessen, was regelmäßig wieder kommt. Daher: Die Cheri, dismal; *en anderi Cheri,* Ein andermal.
Chetteneblume, [Löwenzahn].
Chib, Neid, Verdruß, auch Feindschaft. Daher Chibe, verb., verwandt mit *Keifen, Chibig.*
Chilche, Chille, Kirche.
Chilchelueger, Kirchenaufseher.
Chilspel, Kirchspiel.
Chlimse, Spalte.
Chlöpfe, Knallen, Krachen.
Choli, schwarzes Pferd.
Chölsch, Leinwandzeug von blau gefärbtem Garn.
Chresme, Klettern.
Chretze. 1) Geflochtener Hängkorb. Von *Chratte,* Handkorb. 2) Ueber die Achseln gehendes Tragband für die Beinkleider.

Chriesi, Kleine Waldkirschen. *Chirsi,* Große, Veredelte.
Chrome, 1) Einkaufen. 2) Zum Geschenk vom Markt bringen.
Chruse. Krug mit Bauch und weiter Oeffnung. *Chrüsli.*
Chülbi, Kirchweihe.
Chummli, Chummlig, Bequem.
Chündig, Aermlich.
Chüngi, Kunigunda.
Chuuche, Hauchen.

D.

Deis, Jenes.
Dengle, Dengeln, Sensen und Sicheln durch das Hämmern schärfen.
Dinge, Dienste nehmen.
Distelzwigli, Distelfink.
Dolder, Gipfel eines Baums, Strauches. Noch übrig in *Dolde.*
Dosch, Kröte.
Dose, Schlummern.
Dotsch, ein Ungeschickter.
Dunders – verstärkt in der Zusammensetzung mit einigen Adverbien. *Dundersnett,* ueberaus nett.
Dunte, unten mit Beziehung auf einen gewissen Ort.
Durane, ueberall.
Dure, Hindurch, Hinüber, Herüber.
Dusele, Schlummern, Halbschlafend gehen.
Dusse, Draußen.
Düssele, 1) Leise Reden. 2) Leise gehen.
Duure, Bedauern. *Er duurt mi,* Ich bedaure es.

E.

Echt, Echter, Echterst, Etwa, Doch, Wohl?
Egerte, Ungebauter Feldplatz.
Ehne, Jenseits, drüben.
Eiere-Anke, Eier in Butter gebacken.
Eineweg, Gleichwohl, dessen ungeachtet.
Eis Gangs, Eines Ganzes, Unmittelbar.
Eithue, Einerley, Gleichviel. Ein Thun.

Enanderno, Unmittelbar, Geschwinde Einander nach.
Engelsüeß, die Wurzel von Polypodium vulg. Lin. [Farnart].
Eninne, Gewahr.
Erlustere, Erlauschen.
Ermel, Weibliches Kleidungsstück zu Bedeckung der Arme.

F.

Fatzenetli, Sacktuch.
Fegge, Flügel.
Fern, Vor einem Jahr.
First, Das Oberste. Daher 1) Rücken de Dachs, besonders an Strohdächern. 2 Fortlaufender Bergrücken.
Flösch, Schwammicht von Leibeskonst: tution.
Frauenmänteli, Alchemilla vulgaris Lir [Frauenmantel].
Fraufaste, Ein berüchtigtes Gespenst i Basel und der umliegenden Gegend.
Fraufastechind, so viel als sonst Sonntag: kind, das die Gespenster sieht.
Frech, 1) Gesund von Ansehen. Fes Muthig.
Frey, Ausser der gewöhnlichen Bedeu tung[:] So gar.
Fürcho, Scheinen, Erscheinen im Trau u. s. w. Vorkommen.
Füre, Hervor. Verschieden von *Für Füren.* Für ihn, den, einen.
Fürtuch, Schürze.
Füsi, Flinte.
Futtergang, Seitengang neben den Sta lungen zur Bereitung und Aufsteckur des Futters.

G

Gahre, Knarren.
Gattig, Wohlgebildet, Gefällig.
Gäutsche, Schwanken, von flüssigen Di gen. Daher *Vergäutsche.* 1) Durc Schwanken ausgiessen. 2) Durc Schwanken ausfliessen.
Geb. Abgekürzt, statt: *Gebe Gott, Geb, u de bisch,* Du magst sein, wo du willst

ell, Gellaber, Nicht wahr?
'ehre, Begehren. Das Stammwort zu diesem, und zu Gierde, Gierig, Gerne.
'halt, Gehalt, Zimmer.
'heie, Verdrießen, anfechten.
'hürst, Gebüsch.
igse, Knarren.
izi, Gitzeli, Junge Ziege.
'last, Glanz, besonders Schein von Blitz und Feuer.
liichlig, Durchgehends gleich.
'litzere, Schimmern.
litzerig, Schimmernd.
'lumse, Heimlich (in der Asche) brennen. Daher: *Abglumse,* Nach und nach erlöschen.
o, Verschieden von *Goh,* Gehen.
ötti, Taufpathe, Gotte [Taufpatin].
ottwilche, Begrüßungsformel. Von Gott oder Gottes Willkomm!
rüebe, Ueberreste von ausgesottenem Schweinfett.
rumbire, Cartoffeln (Grundbirnen).
rumse, Durch unverständliche Töne und abgebrochene Worte seine Unzufriedenheit ausdrücken.
segott, Segne Gott.
'stable, Gestabeln, Steifwerden, besonders von Kälte.
uge, Sich hin und her bewegen.
üggele, Durch eine kleine Oeffnung schauen.
uhl, Hahn.
ülle, Pfütze.
umpe, Hüpfen. Ueber etwas hinweg oder hinabspringen.
umpistöpfel, Eingemachte Aepfel.
ünne, Pflücken, Gewinnen.
vatterle, Das Spielen der Kinder, wenn sie Verrichtungen der Erwachsenen nachahmen.

H.

abermark, Tragopogon partense Lin. [Wiesenbocksbart].
alde, Auf der absteigenden Bergseite. Von *Holden,* Neigen, (ein Gefäß an der untern Seite aufrichten, um der Mündung eine Neigung zu geben.) Daher auch *Abheldig,* schiefliegend.
Häli, Schaf.
Hamberch, Handwerk.
Hamme, Schinken.
Hampfle, 1) Eine Handvoll. 2) Der Raum zwischen beiden hohlen Händen. Daher *Hampflevoll,* beide Hände voll. *Hämpfell.* [Verkleinerungsform].
Handumcher, So geschwind als man eine Hand umkehrt.
Hasebrödli, Juncus pilosus Lin. [Hainsimse].
Haseliere, Toben.
Hätteli, Ziege in der Kindersprache und beim Locken.
Haupthöchlige, Mit aufgerichtetem Haupt.
Hebe, Halten.
Heimele, Der Heimath ähnlich sein. Daher *Abermele.* An die Heimath erinnern.
Helge, Helgli, Helgeli, 1) ein Papier gemahlter Heiliger. Daher 2) Jedes kleine Papiergemählde.
Helse, Glückwünschen. *Heilizen,* Grüßen, *Heilizunga,* Gruß.
Hentsche, Handschuh.
Her, Herr. *Der Her,* der Pfarrer. *Herget,* Herr Gott.
Hinecht, In dieser Nacht. *Nechtie,* die ganze Nacht hindurch.
Hirz, Hirsch.
Hofertig stoh, Zu Gevatter stehn.
Hold, Geneigt, Ausschließlich von der gegenseitigen Liebe zwischen Jüngling und Mädchen gebräuchlich.
Holderstock, der oder die Geliebte.
Hüble, 1) An den Haaren schütteln. Daher 2) Züchtigen.
Hurlibaus, Kanone.
Hurnigel, Kleiner Winter-Hagel. Daher *'s hurniglet, es rieselt.*
Hurst, Strauch. *d'Hürst,* Das Gebüsche, Dickicht.
Hurt, Lager zur Aufbewahrung des Winterobstes.

Hüst und Hott, Links und Rechts! *Hotten*, von statten gehn.
Hütie, Heute den ganzen Tag.
Huure, Niederhuure, Den Körper stehend gegen die Erde niederlassen.

J.

Jemerst, Affektswort der Klage und Sehnsucht.
Jeste, Muthwille. Von
Jesen, Gähren. Daher
Jeste, Hitze, Launen.
Jilge, Lilie.
Jmme, 1) Die Biene. 2) Der Bienenstock. Verschieden von *imme*, Einem.
Jmmis, auch *Zimmis*, Das Mittagessen.
Jobbi, Jakob.
Joch, Ausser der gewöhnlichen Bedeutung, ein Brückenpfeiler.
Junte, Weiberrock.
Jüppe, Kinderrock.
Just, Eben, gerade recht.

K.

Keje, 1) Fallen. 2) Werfen.

L.

Lädemli, Kleiner Fensterladen.
Landsem, Langsam.
Laubi, Einer von den Namen, die der Landmann den Zugochsen gibt.
Leerlauf, Kanal zur Ableitung des Wassers neben den Mühlrädern.
Legi, Damm durch das Beet [= Bett] eines Flusses zur Ableitung des Wassers.
Lehre, beides[:] Lehren und Lernen.
Lenge, 1) Bis wohin reichen. Daher 2) Nach etwas greifen, Holen. 3) Zureichen, Genugsein.
Letsch, Schlinge, Schlaufe aus dem Ueberschuß von Band an Kleidern u. s. w. *Letschli*, [Kleine Schlaufe].
Lewat, [Raps].
Licht, Z'Licht. Auf Nachtbesuch.
Logel, Fäßchen.
Lopperig, Was nicht mehr fest ist, hin und her wankt.

Lose, Horchen.
Luege, Schauen. *Verluege*. Sich über dem Zuschauen vergessen.
Luft, Sanfter Wind, [die] Luft.
Lüpfe, In die Höhe heben.
Luppe, Großer Klumpe glühenden Eisen, das aus dem Frischfeuer zum erstenmal unter den Hammer kommt.
Lustere, Lauschen.

M.

Manne, Einen Mann nehmen.
Marcher, Der die Felder ausmißt und Grenzsteine setzt.
Martsche, Eine Art Kartenspiel.
Maßle, Maße Roheisen in langer prismatischer Form. Sonst *Gans, Eisengans*.
Matte, Wiese.
Meidli, Mädchen.
Meiddeli, Ein kleines Mädchen.
Meje, Blumenstraus.
Meister, Ausser den gewöhnlichen Bedeutungen euphemisch, der Scharfrichter.
Meng, Manch.
Möhnli, Unke. Mayfröschchen.
Morn, Morgen.
Morndrigs, am folgenden Tag.
Mose, Flecke.
Mummeli, Name des Rindes in der Kindersprache und beym Locken.
Mumpfel, Stück Eßwaare. Ein Mundvoll.

N.

Näumer, Jemand; *Näumis*, Etwas; *Näum*, Jrgendwo.
Necht, Jn der ersten Hälfte der vorigen Nacht.
Nemtig, Die Nemtig, Vor einigen Tagen
Nidsi, Unter sich, Abwärts.
Niede, Unten.
Niemes, Niemand.
Niene, Nirgends.
Nootno, Nach und Nach.
Numme, Nur.
Nümme, Nicht mehr.
Nüt, Nichts.

O.

), zusammengezogen aus Au, Auch. Nur in einigen Gegenden [des Markgräflerlandes].

)bsi, Ueber sich, Aufwärts.

)ebber, Jemand; Oebbis, Etwas; Oebbe, Etwa.

)ebsch, Oebsche, Etwa.

)ed, Schwach von Nüchternheit.

)ehli, Oehlpresse.

)erliger, grobes weisses Wollenzeug.

)ser, Büchersack.

P.

'appe, Brey.

fnüsel, Schnuppen.

hatest, Laune, Muthwille, Phantast.

lunder, Kleidungsstücke. Alles was zum Anzug gehört.

lunni, Appollonia.

opperment, Overment, Arsenik.

ooppere, Schnell und schwach klopfen.

reste, Gebrechen.

R.

äf, Leiterwerk, hinter welchem dem Vieh das Futter aufgesteckt wird. *Das Letzte n Räf haben.* Sprichwort: Dem Tode nahe sein.

anft, Rand, Rinde.

ause, Kleine Gräben zur Wasserleitung machen.

eble, Sich kraftlos hin und her bewegen. Daher: Mit unüberwindlichen Schwierigkeiten kämpfen. *Verreble,* Langsam zu Grunde gehn.

eckholder, Wachholder.

ibi, Reibmühle.

ichter. 1) Gemeinderath, 2) Weiter Haarkamm.

ickli, Angesetzte Schnüre, durch welche ein Band geht, um Kleidungsstücke fest anzuziehen.

ing, Leicht; *Ringer,* mit weniger Mühe, Lieber.

inke, Schnalle. *Rinkli.*

uchgras, [Wiesengras].

Rufe, Ausschlag, Kruste auf heilenden Wunden u. s. w.

Rübeli, eine Art Baumwollen-Zeug, Halbsammet.

Ruuke, Girren.

Rümmechrüsliger, Eine Art Winteräpfel.

Rung, 1) Unbestimmt kurze Zeit. 2) Einmal.

S.

Sägese, Sense.

Schaffig, Arbeitsam.

Scheie, Pallisade um die Gärten.

Schellewerche, Oeffentliche Arbeit strafweise verrichten.

Schicht, Arbeitszeit der Schmelze u. s. w. am Hochofen.

Schiehut, Strohhut.

Schliefe, Schlüpfen.

Schmähle, Vorwürfe machen.

Schmecke, Beides Schmecken und Riechen. Daher Ahnen, Merken.

Schmehle, Grashalm.

Schmuris, eine Mehlspeise mit Eiern.

Schnatte, Wunde.

Schnaue, Im Unwillen sprechen.

Aschnaue, Hart anreden.

Schnöre, Rüssel.

Schoch, Schocheli, Ausdruck des *Gefühls* der Kälte beim Schauern.

Schöchli, Kleine Heuhaufen auf den Wiesen. Daher *Schöchle,* das Heu in solche zusammenbringen.

Schrunde, Aufgesprungene und aufgeritzte Haut.

Setzer, der auf dem Hohofen das Erz u. s. w. einsetzt.

Sieder, Unterdessen. *Siederie,* Seit her.

Semper, der nicht alle Speisen mag.

Simse, Vorschuß unter den Fenstern, Gesimse.

Sinne, Weinfässer ausmessen und bezeichnen. Scherzweise von Menschen.

Sölli, Sehr.

Spöchte, Spähen.

Spöthlig, Spätling, Spätjahr [Herbst].

Stabhalter, der zweite Vorgesetzte in Landgemeinden, Verschieden von Statthalter.
Stapfle, Stufe.
Stotze, Starke Beine und Schenkel.
Strehle, Kämmen.
Strolch, Vagabund.
Strübli, Gewundenes Backwerk. Von *Strube, Struve,* Schraube.
Stud, Pfosten.
Sunneblume, [Sonnenblume].
Stubete, Z'stubede. Auf Besuch.

T.

Tafere, Wirthshausschild.
Tage, Tag werden.
Taue, Feldmaß bei Wiesen. *Ein Morgen.*
Tensch, Schleuse bei der Wasserleitung.
Togge, Strohsackel.
Tole, Vertragen, Dulden.
Toll, 1) Ueberhaupt Schön. 2) Jnsbes. Was mit großem Aufwand verschönert ist.
Todtebaum, Sarg.
Tragete, Last, so viel man auf einmal tragen kann.
Treber, Trestern.
Tremel, Balke.
Trinke, Tuback trinke, Taback rauchen.
Trog, Hölzerne Kiste.
Trostle, Drossel.
Trüeihe, (Trühen) Ursprünglich: Sammeln. Zulegen. Daher: Fett, stark werden.
Trümmle, 1) Sich auf einen Punkt herum bewegen. 2) Unstät gehen.
Trümmlig, Schwindlicht.
Tschäubli, Tschäubbeli, Kleiner Strohbüschel, Warnungszeichen an verbotenen Wegen.
Tschope, Kamisol mit Ermeln, *Tschöpli.* [Verkleinerungsform].
Tunke, Tauchen.

U.

Uding, Unding, Sehr, Ueber das Gewo[ö]nliche.
Umme, Hin, Herum, Verschieden von *Umme, Ummen,* Um ihn, den, einen.
Ung'heit, Unangefochten.
Unrueih, Perpendikel an der Uhr. Unruhe
Uerthe, 1) Wirthsrechnung, 2) Abrechnung.
Urig, 1) Lauter Dinge einer Art beisammen. 2) So viel Dinge einer Art, daß man die andern nicht bemerkt.

V.

Ver = in der Zusammensetzung mit dem Verbum, oft statt Er – *Vert* = statt Ent
Vergelstere, Erschrecken.
Verglichlige, Vergleichungsweise.
Verstune, Jrre werden.
Visperle, Kleines Geräusch machen. Mit solchem sich fortbewegen.
Vogt, Schulze.
Volchspiel, Menge Volks in Bewegung.

W.

Wägese, Pflugschar.
Wagle, Wiege.
Wahle, Wogen.
Warbe, Das gemähte Gras zum Trocknen auseinander schütteln.
Wasserstelzli, Bachstelze.
Weger, Wegerli, Wahrlich.
Weidli, Hurtig.
Weihe, Speckkuchen.
Welle, Bündel von Reis, Stroh u. s. w.
Werktig, Werktag.
Weserei, 1) Verrechnungsstelle bei den Eisenhütten, 2) Dabei errichtete Weinschenke.
Wette, Binden, Zusammenfügen. An da Joch spannen.
Wetterleich, Wetterleuchten. *Im Wetterleich,* Blitzschnell.
Wibe, Ein Weib nehmen.
Wied, gedrehte Weide zum Binden.
Windeweh, Wind und Weh, Ausdruck für das Gefühl der Unruhe bei langem Warten.
Winterfrist, Gfristig, Frostbeulen.
Wolfel, Wohlfeil.

Wuhr, Damm durch einen Fluß zur Ableitung des Wassers.
Wuli, Namen der Gänse bei Locken und in der Kindersprache.
Wundervitz, 1) Neugierde. 2) Ein Mensch, der alles zu wissen verlangt.
Wütsche, Sich schnell bewegen.

Z.

Zeiche. Alle Zeichen fluchen. Alle Verwünschungsformeln aussprechen.
Zeine, Rundkorb.
Zeiner, Schmid, der das Stabeisen in Stangen streckt.
Zibertli, (Getrocknete) weiße Pflaumen.
Zimpfer, Jungfräulich, Fein im Betragen, auch affektirt.
Zinkli, Hyacinthen.
Zistig, Dienstag.
Zit, 1) Zeit, 2) Uhr. *Zitli,* Die Taschenuhr.
Zit, Stunde.
Zsendane, Ueberall. Zur Hand hin.
Züber, Hölzernes Wassergefäß.

LEBENSDATEN

1760 am 10. Mai in Basel geboren; Vater Johann Jakob Hebel aus Simmern im Hunsrück, Mutter Ursula Hebel geb. Örtlin aus Hausen im Wiesental; Hebels Eltern (getraut am 30. Juli 1759 in Hauingen) wohnten als Bürger der badischen Markgrafschaft in Hausen, wo Johann Jakob Hebel sein Handwerk als Weber betrieb, doch sommers halfen er und seine Frau im Haus und Gutbesitztum seines ehemaligen Dienstherrn, des Basler Majors J. J. Iselin-Ryhiner, aus.

1761 im Juli erkrankt die Familie an Typhus, der Vater und die erst ein Monat alte Tochter Susanne erliegen der Seuche.

1766–1774 der junge H. besucht die Volksschule in Hausen und die Lateinschule in Schopfheim; sommers, da seine Mutter weiterhin in den Diensten der Familie Iselin-Ryhiner ist, wird er Schüler der Basler Gemeindeschule von St. Peter und später des Gymnasiums am Münster.

1773 am 10. Oktober stirbt die Mutter unterwegs zwischen Basel und Hausen; sie war in Basel erkrankt und verlangte die Rückkehr in ihre Heimat, der Hausener Vogt holte sie – zusammen mit Johann Peter – mit einem Ochsengespann.

1774–1778 Hebel besucht das Karlsruher Gymnasium illustre.

1778–1780 Theologiestudium an der Universität Erlangen.

1780 theologisches Staatsexamen in Karlsruhe abgelegt, jedoch als Kandidat noch ohne Anstellung.

1780–1783 Hauslehrer in Hertingen (Bezirk Müllheim) bei Pfarrer Ph. J. Schlotterbeck, ab 1782 auch in der Seelsorge tätig, Vikarstätigkeit in Hertingen und in Tannenkirch.

1783 Hebel wird im März zum Präzeptoriatsvikar am Lörracher Pädagogium ernannt und wirkt

1783–1791 ebenda als Lehrer für Religion, Griechisch und Latein, auch für Rechnen, Geometrie und Geographie; gelegentlich Prediger in Lörrach und Grenzach; intensiver Kollegen- und Freundeskreis.

1791 im November als Subdiakon an das Karlsruher Gymnasium illustre berufen, Lehr- und gelegentliche Predigertätigkeit.

1792 Beförderung zum Hofdiakon.

1796 Ferienreise nach seiner Oberländerheimat inmitten der Kriegswirren dieses Jahres.

1798 Ernennung zum Professor extraordinarius am Karlsruher Gymnasium illustre.

1803 erscheint die Erstauflage der *»Allemannischen Gedichte«*.

1805 Hebel erhält den Titel eines Kirchenrates.

1806 Hebel verzichtet (auf großherzoglichen Wunsch) auf eine Übernahme der in Freiburg neu errichteten lutherischen Pfarrei.
1807 übernimmt Hebel die Redaktion des »Badischen Landeskalenders« (= »Rheinländischer Hausfreund« [ab 1813 »Rheinischer Hausfreund«]), an dem er bereits seit 1802 mitgearbeitet hatte.
1808 Ernennung zum Direktor des Gymnasiums illustre.
1809 Mitglied der Evangelischen Kirchen- und Prüfungskommission.
1811 erscheint das *»Schatzkästlein des Rheinischen Hausfreundes«* bei Cotta in Tübingen.
1812 letzte Reise ins badische Oberland; Hebel trifft sich u. a. nochmals mit seiner langjährigen Freundin Gustave Fecht im Pfarrhaus in Weil.
1814 Hebels Berufung in die »Evangelische Ministerialsektion«; er tritt als Gymnasiumsdirektor zurück und verzichtet (wegen der Querele der konfessionell so und so interpretierten Kurzerzählung »Der fromme Rat«) auf die weitere Kalenderredaktion, um allerdings
1818 den »Rheinländischen Hausfreund« für 1819 nochmals zu redigieren.
1819 Ernennung zum Prälaten, Hebel dadurch Mitglied der Ersten Kammer des Badischen Landtags und der kirchlichen Generalsynode.
1820 Verleihung des Ritterkreuzes des Zähringer Löwenordens.
1821 die Heidelberger Universität verleiht Hebel den theologischen Doktortitel wegen seiner Verdienste um die Einigung bzw. den Zusammenschluß der lutherischen und der reformierten Kirche in Baden.
1824 die *»Biblischen Erzählungen«* erscheinen. Endgültige Aufgabe seiner zunehmend reduzierten Lehrtätigkeit am Karlsruher Gymnasium.
1826 am 22. September stirbt Hebel während einer Inspektionsreise in Schwetzingen und wird am 23. 9. auf dem dortigen Friedhof beerdigt. Hebel hinterließ kein Testament, entfernte Verwandte in Hausen und in Simmern werden seine Erben (Barvermögen mehr als 10 000 Gulden [= ca. DM 250 000.–] sowie Erlös aus Bibliothek und Hausrat). 1859 war Hebels Grabdenkmal enthüllt worden, und nach Stillegung des alten Schwetzinger Friedhofes (1870) beließ man das Hebelsche Grab an Ort und Stelle.

Die 1860 gegründete Hebelstiftung in Hausen erwarb das Hebelsche Elternhaus und errichtete ein Musèum darin; die Hebelstiftung in Basel realisierte das von Hebel gewünschte Hausener »Hebelmähli« (jeweils zum 10. Mai: Bewirtung aller Männer und Frauen, Schülergeschenke, Mädchen-Hochzeitsgaben).

Seit 1936 Hebelpreis (Kulturpreis des Landes Baden, bzw. Baden-Württemberg), ferner Hebel-Plakette (1960 ff.; gestiftet von der Gemeinde Hausen) und »Hebeldank (1949 ff.; gestiftet vom Hebelbund Lörrach).

94 AUTOREN
Alemannische Gedichte von Hebel bis heute
HEITERES UND BESINNLICHES

Johann Peter Hebel
Anton Siebold
Hermann Albrecht
Robert Reitzel
A. Würtenberger
Otto H. Raupp
Albert Ludwig
Emil Gött
Karl Berner
Robert Schlott
August Ganther
Heinrich E. Kromer
Hugo von der Elz
Johann Thoma
Paul Körper
Hermann Burte
Ida Guldenschuh
Hermann Vortisch
Ferdinand Hasenfratz
Lina Kromer
Ida Preusch-Müller
Hedwig Salm
Karl Sättele
Paul Sättele
Desiré Lutz
Marga Vogel
Fritz Brossmer
Richard Nutzinger
M. Hagmeier-Meier
Emil J. Preusch
Ernst Niefenthaler

Josef Albicker
Hermann Landerer
Elisabeth Walter
Walter Füßlin
Josef Anton Bueb
Gottfried Schafbuch
Fritz Träris
Hans-Matt-Willmatt
Richard Gäng
Paula Hollenweger
Karl E. Wiemann
Otto Reinacher
Karl Zimmermann
Max Rieple
Fritz Wolfsberger
F. A. Hugenschmidt
M. Gerner-Beuerle
Mathilde Flury-Lieb
E. Falk-Breitenbach
Helene Zapf
Erich Arnold Huber
Alban Spitz
Hubert Baum
Liesel Meier-Küchlin
Hans Hauser
Alois Burger
Gertrud Albrecht
Emil Müller-Ettikon
Fritz Gugelmeier
Karl Kurrus
Michel Maier
Heinz Reiff

Philipp Brucker
G. F. Weber-Benzing
Rudolf Vallendor
Gerhard Jung
Walter Fröhlich
Manfred Marquardt
Hans Flügel
Werner Richter
Paul Nunnenmacher
Bruno Epple
Hans Brunner
Rolf Süß
Liesel Meier
Thomas Burth
Wolfgang Miessmer
Werner Ohm
Wolfgang Scheurer
Monika Schreiber-Loch
Klaus Dieter Reichert
Manfred Bosch
Heinz G. Huber
Wendelinus Wurth
Roland Kroell
Markus M. Jung
Uli Führe
Günter Wagner
Johannes Kaiser
Johanna Wetzel
Michael Schneider
Magnus Kaiser
Rolf Ketterer

144 Seiten mit 11 alten Motiven badischer Städte und Plätze
ISBN 3-7806-7198-0

Verlag Ernst Kaufmann
Postfach 2208 · 77912 Lahr · Tel. 07821-93900 · www.kaufmann-verlag.de